Pour illustrer mon Cours de Géographie

LIBRAIRIE ARMAND COLIN

103, Boulevard Saint-Michel — PARIS (5e)

Prix
8 fr.

Pour illustrer mon Cours de Géographie

300 Gravures

Tous les documents contenus dans cet Album ont été établis d'après des photographies — dont beaucoup sont inédites — exécutées en simili-gravure.

Nous avons adopté dans la présentation des gravures un ordre conforme au **programme** de Géographie **des Écoles primaires**.

LIBRAIRIE ARMAND COLIN
103, boulevard Saint-Michel — PARIS

1925

PRÉFACE

L'ILLUSTRATION GÉOGRAPHIQUE

L'illustration pittoresque prend, d'année en année, une importance plus considérable dans l'enseignement de la géographie. Les cartes ne suffisent plus, parce qu'elles ne donnent pas une image réelle des choses dont il est parlé : il faut des gravures. Il faut, en outre, que ces gravures soient *simples*, *claires* et *faciles à commenter*. Il faut qu'elles correspondent à des *réalités*, et c'est ce qui fait la supériorité des reproductions photographiques. Il faut enfin qu'elles soient *nombreuses*, afin de donner une idée des divers aspects de la géographie physique, et des différentes formes de l'activité humaine. Or, dans les livres scolaires, la place manque pour donner à chaque leçon de géographie toute l'illustration qui serait nécessaire. Les atlas d'élèves ne peuvent recevoir qu'un petit nombre de gravures.

UTILITÉ D'UN ALBUM DE GRAVURES GÉOGRAPHIQUES

C'est pourquoi nous avons eu l'idée de réunir, dans un album spécial, un choix abondant de gravures caractéristiques. Ce sont des *reproductions photographiques* des principaux sites et paysages dont il est question dans l'enseignement de la géographie à l'école primaire.

Cet album fait suite à celui que nous avons publié l'an dernier pour l'enseignement de l'histoire. Il résout la difficulté que rencontrent les maîtres de trouver un choix de gravures appropriées à leur enseignement. Il offre l'intérêt d'une collection *ordonnée suivant le plan même des leçons*. Nous ne doutons pas qu'il soit accueilli par nos lecteurs avec le même intérêt que l'album historique qui l'a précédé.

PLAN DE CET ALBUM

Conformément à l'ordre suivi par la plupart des manuels en usage dans les écoles primaires et en particulier par les géographies-atlas Foncin, nous avons adopté dans la présentation des gravures l'ordre que voici :

1° **LA FRANCE**, dont l'étude constitue la *partie principale* de l'enseignement géographique à l'école primaire. L'ordre classique de l'étude géographique de la France comporte une étude d'ensemble et une étude régionale.

A) L'étude d'ensemble de notre pays, par laquelle il est utile de commencer si l'on veut d'abord donner aux élèves une *connaissance générale* de la France, avant d'aborder l'étude régionale, comprend la géographie physique, politique et économique de la France ; c'est-à-dire, d'une part, l'étude des *conditions naturelles* qui donnent à notre pays son caractère propre, d'autre part, l'étude de la *géographie humaine* (politique et économique) qui précise de quelle manière l'homme a subi l'influence du milieu, s'y est adapté, et l'a transformé.

La géographie physique : (Nature et relief du sol, mers et côtes, climat, cours d'eau, végétation). C'est par la nature du sol que s'explique le relief. Le voisinage de la mer et le relief permettent d'expliquer le climat. Le sol et le climat donnent à leur tour l'explication du régime des eaux et des formes de la végétation.

La géographie politique et économique : Population et villes, agriculture, industrie, commerce, voies de communication et moyens de transport). L'agriculture dépend du sol et du climat. L'industrie tire ses matières premières de l'agriculture ou des produits du sous-sol. La production agricole et industrielle détermine le commerce, qui a besoin de moyens de transport. Il est donc facile d'établir une liaison étroite entre la géographie physique et la géographie humaine, ou bien entre les différentes formes de l'activité économique de notre pays.

B) La géographie régionale des différentes parties de la France permet d'étudier, pour chaque région, les rapports étroits qui existent entre la géographie physique et les formes de l'activité humaine. Ainsi conçue, la géographie régionale est, à propos d'une région de la France, une synthèse des notions de géographie physique, politique et économique déjà vues aux divers chapitres de l'étude d'ensemble.

2° **LES COLONIES FRANÇAISES**, dont l'importance est de plus en plus grande pour notre pays, et qui, pourtant, sont très mal connues. L'empire colonial français occupe le 2ᵉ rang dans le monde, après l'empire anglais ; pourtant, il n'a presque été rien fait dans notre enseignement pour vulgariser la connaissance de nos colonies, de leurs ressources et des richesses qu'en pourrait tirer la métropole. Les gravures que nous présentons ont pour objet de donner des aspects :

A) *Des colonies françaises dans leur ensemble* : paysages, scènes et types indigènes, productions coloniales, améliorations apportées aux colonies par la métropole.

B) *De chacune des grandes colonies* : Aspect physique, productions naturelles, colonisation.

3° **L'EUROPE ET LES PRINCIPALES PUISSANCES DU MONDE**, dont l'étude fait partie du programme du cours supérieur, et, en même temps, du nouveau programme du certificat d'études. Une des conséquences de la guerre a été d'élargir l'horizon de chacun de nous. La vie politique et économique des États européens et des grandes puissances du monde conditionne la vie de notre pays d'une manière immédiate et décisive. Pour chacun des continents, nous avons reproduit des gravures, relatives :

A) Les unes, à la ***géographie physique*** (relief, cours d'eau, mers et côtes).

B) Les autres, à la ***géographie politique et économique*** (population et villes, agriculture, industrie, commerce).

Ainsi notre album se trouve en *liaison étroite avec les programmes des écoles primaires*, en même temps qu'il s'inspire de la nécessité de renouveler l'enseignement géographique, pour le rendre plus concret, plus pittoresque, et mieux adapté à la situation économique de la France d'après-guerre.

COMMENT UTILISER CET ALBUM

La plupart des gravures qui figurent dans cet album ont été choisies de manière à illustrer plusieurs leçons différentes. Pour chacune de ses leçons, le maître est assuré d'avoir au moins une *dizaine de gravures* à montrer et à commenter. Ainsi, pour une leçon sur les chemins de fer français, le maître trouvera l'illustration nécessaire non seulement au chapitre des voies de communication, mais encore en plusieurs endroits de la partie régionale.

Un *répertoire*, placé à la fin de cet album, groupe, pour chacune des leçons du programme, toutes les gravures qu'il est possible d'utiliser, et évite aux maîtres de trop longues recherches.

Ajoutons que, pour que ces gravures rendent tous les services que l'on peut en attendre, il ne suffit pas de les montrer aux élèves, il faut encore apprendre à ceux-ci *à remarquer les traits caractéristiques* de chacune d'elles. Il y a une *étude de gravure*, comme il y a une étude de texte ou une étude de carte. Pour faciliter cette étude, nous avons, toutes les fois que cela a été possible, juxtaposé des gravures qui donnent lieu à d'intéressantes comparaisons. C'est ainsi que nous avons rapproché des paysages de caractères différents, des machines anciennes et récentes, des vues d'usines d'autrefois et d'aujourd'hui, etc. C'est en effet surtout par le procédé des *comparaisons* concrètes, qui mettent en relief les *ressemblances* et plus encore les *différences*, que les notions se fixent dans la mémoire des enfants.

Dans les Travaux Scolaires de l'*École et la Vie*, on trouvera, à chacune des leçons de géographie, l'indication des gravures de cet album qu'il y aura lieu de montrer aux élèves, en insistant, pour chacune d'elles, sur les points particuliers qu'il conviendra de bien faire observer.

Fréquemment, le maître renvoie à la fin de la leçon proprement dite l'examen des gravures. Il est vrai que cet examen, parce qu'il oblige à réunir les élèves autour de soi, peut amener un peu de désordre dans la classe; pourtant, nous ne pensons pas que ce soit d'une très bonne méthode que d'étudier des gravures quand la leçon est terminée. Le plus souvent, c'est au contraire, *par les gravures qu'il faudrait commencer la leçon*, dont il est facile de tirer ensuite toute la substance par l'observation et la déduction. A montrer en fin de leçon plusieurs gravures, et surtout à les montrer trop rapidement, il ne reste pas grand'chose dans l'esprit de l'enfant.

Toutes les fois que les conditions locales de la géographie physique ou humaine le permettront, on fera comparer les gravures de cet album *avec les aspects réels de la nature ou les formes de l'activité humaine dont les enfants ont, sous les yeux, le spectacle familier*. On établira, de cette manière, la liaison nécessaire entre la géographie et la géographie locale.

Ainsi compris, l'Album de géographie n'est pas seulement un livre d'images. C'est un instrument de travail et d'enseignement indispensable au maître qui veut donner à ses leçons un caractère concret et pittoresque.

Nous ne nous dissimulons pas les imperfections de notre ouvrage. Certaines gravures, en particulier, appellent des commentaires que nous avons été obligés de restreindre à l'essentiel, faute de place. Nous pensons que le maître saura suppléer à la brièveté de certaines légendes. Tel qu'il est, nous pensons pourtant que cet album rendra de grands services aux maîtres qui, soucieux d'illustrer leur enseignement géographique, ne réussissent pas toujours à se procurer, même au prix de temps, de démarches et d'argent, les gravures ou les cartes postales caractéristiques d'un site ou d'une région.

Les Alpes : La Meije, *Montagne jeune*, aux cimes découpées en aiguilles. En bas, dans une vallée profonde, le bourg de la Grave sur la route de Bourg-d'Oisans au Lautaret. Sur les sommets, des glaciers étendus alimentent des torrents qui ont profondément raviné les pentes. La partie droite du massif a moins souffert de l'érosion parce qu'elle est boisée.

Les Pyrénées centrales. Le Balaïtous et la chaîne frontière. Comme les Alpes, les Pyrénées sont des *Montagnes jeunes*, aux crêtes découpées. Mais elles n'ont que quelques petits glaciers, et les vallées sont peu profondes. Cette partie des Pyrénées donne bien l'impression d'une haute muraille très difficile à franchir.

Une montagne volcanique : Le Capucin dans les monts d'Auvergne, avec son sommet abrupt et chauve, et ses pentes boisées. Il doit son nom à sa forme, dans laquelle on reconnaît, avec un peu de complaisance, la silhouette d'un Capucin à genoux. Du haut du Capucin, on jouit d'un panorama splendide vers le Puy de Sancy et le mont Dore.

Une montagne ancienne : Le Massif du Grand Donon dans les Vosges; les sommets ont été arrondis et usés par les glaciers anciens; les pentes sont couvertes de magnifiques forêts de sapins et de hêtres. Le fond des vallées est occupé par des prairies.

Un village de montagne, dans les Alpes. Les maisons sont exposées à l'est ou au sud, pour recevoir les rayons du soleil. Elles ont des toits très inclinés, pour faciliter le glissement des neiges et des pluies. En arrière, sur les pentes, s'étagent des cultures, des bois et des pâturages d'été.

Une ascension. Les péripéties d'une escalade d'aiguille, dans le Massif du Mont Blanc. Trois hommes, attachés l'un à l'autre par des cordes, grimpent en s'accrochant aux rochers ou en s'aidant d'un « piolet ». Les ascensions, bien que pénibles et parfois dangereuses, constituent un excellent sport.

La Houille blanche. Les Usines Bergès (Alpes). L'eau des torrents captée dans de grands tuyaux qui l'amènent à l'usine produit, en tombant, une force motrice considérable, qui actionne des turbines électriques.

Un pâturage de montagne, dans les Alpes, près du Mont-Genèvre, à 1 800 m. d'altitude. Le bétail n'y séjourne que pendant la belle saison. Il reste des mois sans rentrer à l'étable.

Dans les Vosges. Le schlittage. Le bois est transporté sur des traîneaux qui glissent sur des sentiers spéciaux, garnis de traverses. Le schlitteur retient le traîneau à la descente. C'est un métier pénible et dangereux, qui tend à disparaître.

Un groupe de chasseurs alpins en manœuvres dans les montagnes. L'ascension est lente et difficile. A droite, les chasseurs traversent une crevasse en s'aidant de cordes. A gauche, un soldat creuse des marches avec son « piolet ».

La crête de l'Ile-de-France qui borde la région parisienne, à l'est, entre Reims et Montereau. Au premier plan la Marne, en arrière la route de Châlons-sur-Marne à Épernay. La plaine qui s'étend en avant de la crête est la Champagne. A cet endroit, le voisinage de la Marne procure à la plaine un peu d'humidité, qui favorise les cultures. Les pentes de l'arrière-plan sont garnies de vignobles. C'est sur ces pentes que prospèrent les plus célèbres crus des vins de Champagne.

La Brenne inculte, parsemée d'étangs, de marécages et de bois. La plupart de ces étangs avaient été creusés de main d'homme, surtout aux XVe et XVIe siècles, parce que la pêche des étangs était plus productive que la culture. Mais, à la longue, ces étendues d'eau dormante sont devenues malsaines pour les riverains, chez qui elles ont développé les fièvres des marais ou fièvres paludéennes.

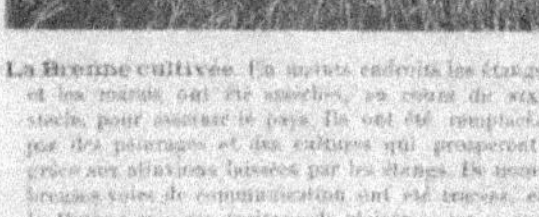

La Brenne cultivée. En maints endroits les étangs et les marais ont été asséchés, au cours du XIXe siècle, pour assainir le pays. Ils ont été remplacés par des pâturages et des cultures qui prospèrent grâce aux alluvions laissées par les étangs. De nombreuses voies de communication ont été tracées, et la Brenne avec ses maisons de plaisance est moins désolée et moins malsaine qu'autrefois.

La vallée de la Marne EN CHAMPAGNE. C'est le type d'une vallée large creusée par la Marne à travers la craie jusque dans l'argile qui s'étend sous la craie. La présence de l'argile donne au fond de la vallée cet aspect ombragé, si différent de la plaine crayeuse, plate et monotone que l'on voit dans la gravure du haut de la page.

Les gorges du Tarn, DANS LES CAUSSES. C'est le type d'une vallée étroite aux bords abrupts, encaissée entre des rochers calcaires et très pittoresques.

Lacs et Sources

Une source. La source de la Loue (Jura). Dans les terrains perméables comme le calcaire du Jura, les eaux de pluie s'infiltrent, forment des cours d'eau souterrains qui creusent des grottes, des galeries et reparaissent au jour sous forme de sources abondantes et claires, comme celle de la Loue, affluent du Doubs. Remarquer la grotte creusée par l'érosion souterraine, et, à droite, la disposition des roches en assises régulières et parallèles. La vue est prise en été. En hiver, la source est encore plus abondante.

Un glacier (Source de la Romanche). Le massif des Écrins et le glacier blanc. En haut, à droite, des neiges éternelles, puis, descendant vers le fond de la vallée, deux glaciers, qui creusent leur lit, et forment en bas un ruisseau coulant parmi des cailloux.

Un lac. Le lac de Genève ou lac Léman (rive française). La vue est prise de Thonon (Hte-Savoie); au fond, la rive suisse près de Lausanne. A cet endroit, le lac de Genève a 10 à 12 km. de largeur. En avant on aperçoit une digue qui protège les bateaux contre les tempêtes, souvent très fortes. Le lac de Genève a plus de 500 km². C'est le plus grand lac des Alpes. Sa plus grande profondeur atteint 310 mètres. Le Rhône le traverse sur une longueur de 70 kilomètres.

Un lac. Le lac d'Annecy, dans les Alpes. C'est un lac peu étendu, mais encadré de très belles montagnes. Le site est très pittoresque et fréquenté en été par de nombreux touristes. Le lac qui déverse ses eaux dans le Fier, est encadré entre le Semnoz et la Montagne de Verrier. Ce n'est que le reste d'un bassin beaucoup plus étendu. Au premier plan, le village de Duingt et son château à l'extrémité d'un promontoire.

Un pays marécageux. La Dombes, dans l'Ain. Le sol argileux et imperméable est parsemé d'étangs qui sont très poissonneux, mais malsains, et que l'on assèche progressivement pour mettre le sol en culture.

La Loire à Orléans. La vue est prise en été, par les basses eaux. Le fleuve, peu profond, coule parmi de grands bancs de sable qui se déplacent d'une année à l'autre. En temps de crue, l'eau monte jusqu'à la voûte des arches du pont, et parfois envahit même, à droite, la promenade plantée d'arbres. Pour être préservée des inondations, la ville a été construite sur une éminence de terrain.

La Seine à Elbeuf. Au contraire de la Loire, la Seine est régulière et tranquille. Elle forme de larges méandres à cause des collines qui la bordent. Elle est navigable. A gauche, un quai pour le déchargement des marchandises. Au fond, Elbeuf, avec les hautes cheminées de ses usines (filatures et tissages). Traversant le fleuve, un pont, très élevé pour ne pas gêner la navigation.

Le Rhône à Beaucaire. Le fleuve coule rapidement entre des îles de sable. Il passe sous un pont très solidement construit, et surélevé à cause des crues. Un peu en aval de Beaucaire, le Rhône va former son delta. En temps de fortes crues, les îles sont presque entièrement submergées. En face de Beaucaire, sur la rive gauche, se trouve Tarascon.

Une inondation de la Loire (près de Tours). Au printemps, à la fonte des neiges du Massif Central, la Loire grossit et déborde. Malgré les digues qui protègent les campagnes, elle cause souvent des désastres. En haut, le cours principal du fleuve, traversé à gauche par un pont. La digue est submergée. On ne voit que la ligne d'arbres qui la borde et le chemin en remblai qui conduit au pont. Les saules ne ressemblent plus qu'à des buissons. L'inondation s'étend sur 4 km de largeur. Certaines inondations ont été très désastreuses, en particulier celles de 1846, 1856, 1866. La Loire roule alors autant d'eau que le Danube près de son embouchure. En même temps, elle charrie des sables qui, aux basses eaux, forment les îles du fleuve, encombrent le lit principal et empêchent toute navigation.

La Garonne à Toulouse. Moins longue que la Seine, la Garonne naît à une altitude quatre fois plus élevée. Elle a donc une pente très rapide. C'est ce qui explique les déversoirs et les chutes que l'on voit sur la gravure. La Garonne est, comme la Loire, sujette à des inondations, comme celle de 1875, au cours de laquelle le fleuve monta, à Toulouse, de près de 10 mètres. Il y eut plus de 200 personnes noyées et plus de 1 000 maisons s'écroulèrent.

Un torrent dans les Alpes. Pour empêcher le torrent d'être trop violent et de dégrader ses rives, on le coupe de barrages en maçonnerie, qui retiennent l'eau ; les chutes d'eau ainsi obtenues sont souvent utilisées pour la production de l'électricité (houille blanche).

La Charente à Tonnay-Charente. Rivière lente, tranquille, régulière, la Charente est navigable. La partie inférieure de son cours est remontée par la marée. A droite, le long du quai, des bateaux.

Falaises crayeuses, près de Saint-Valéry-en-Caux. Les côtes à falaises se dressent comme des murailles au bord des flots, qui les battent continuellement. Ces falaises ont jusqu'à 70 m. de hauteur. Elles sont dues au travail d'érosion des vagues qui fait reculer le rivage. Ce recul est tel que les cours d'eau n'ont pas le temps de creuser leurs vallées jusqu'au niveau de la mer, et que certaines de ces vallées semblent suspendues au-dessus des flots, comme celle dont on aperçoit l'ouverture au fond de cette gravure. Au pied des falaises, les vagues roulent les débris arrachés à la côte, et s'en servent comme d'un bélier pour miner la falaise.

Une côte rocheuse : Rochers de Ploumanach, près de Lannion, en Bretagne. La mer bat furieusement les blocs qu'elle use et désagrège, parce que toutes les roches qui forment le littoral ne sont pas de même nature et n'offrent pas la même résistance à l'érosion. Il en résulte une côte découpée comme celle-ci. Les parages de la côte, parsemés de rochers, sont dangereux pour les navires : c'est la « mer sauvage ». Autrefois, de nombreux vaisseaux se sont brisés contre ces rochers. Aujourd'hui, un phare que l'on aperçoit au fond de la gravure avertit les navigateurs. Néanmoins, cette partie de la côte est peu hospitalière, et il ne se passe guère d'années où l'on n'ait à y déplorer quelque sinistre. Remarquez la force avec laquelle les vagues viennent, à gauche, battre les rochers [illegible] d'écume.

Une côte basse. La plage des Sables-d'Olonne qui borde, sur l'Atlantique, la plaine de Vendée. Les vagues viennent mourir sur le sable de la plage où l'on aperçoit les cabines des baigneurs. Les Sables-d'Olonne sont une des stations balnéaires les plus fréquentées de la côte de l'Atlantique.

La Vie sur les Côtes

Un phare. Haut de 50 mètres, le phare est formé par une tour de pierre ou de béton, surmontée d'une puissante lanterne dont les feux fixes ou mobiles, blancs ou colorés, sont visibles à 10 ou 15 kilomètres. Le phare signale un point dangereux de la côte, un banc, un cap, ou l'entrée d'un port. En bas, le phare est entouré d'une construction où se trouvent les habitations des gardiens.

La pêche. Une flottille de bateaux sardiniers, à Port-Marie en Bretagne. Ce ne sont pas de grands bateaux, aussi ne vont-ils qu'à quelques kilomètres, pêcher la sardine, le long de la côte. Ceux-ci sont à voiles. On emploie aussi des bateaux ou chalutiers à vapeur.

Les marais salants du Croisic, près de l'embouchure de la Loire. Ce sont de grands bassins peu profonds où l'eau de mer s'évapore au soleil et laisse le sel. Les marais salants se trouvent sur les côtes basses et ensoleillées. On aperçoit les différents bassins avec les levées de terre qui les séparent pour permettre de circuler et de les remplir d'eau de mer à volonté.

Groupe de pêcheurs avec leurs filets roulés et leurs paniers, allant pêcher de petits poissons et des crevettes. Ils pêchent le long du rivage, surtout à marée basse, dans les creux de rochers où l'eau de mer est restée.

Une plage, près de Biarritz. En été, beaucoup de personnes vont séjourner au bord de la mer, dans des stations balnéaires où l'on trouve des plages de sable fin analogues à celle-ci. Le séjour au bord de la mer et les bains de mer sont excellents pour les convalescents et les personnes faibles ou fatiguées.

Un parc à huîtres, à Cancale, près de Saint-Malo. Les rectangles que l'on voit sont formés par des branchages et de l'osier. Les huîtres se fixent soit aux branchages, soit aux rochers, où les pêcheurs les recueillent. Des parcs analogues se trouvent à Marennes et à Arcachon.

Un glacier : La Mer de Glace (Massif du Mont Blanc). Les neiges des hautes montagnes, durcies et peu à peu changées en glace, forment des glaciers, qui ressemblent à des fleuves et qui descendent lentement dans les vallées. La Mer de Glace, sur les pentes du Mont Blanc, a 8 km de longueur et donne naissance à l'Arve, affluent du Rhône. La surface du glacier n'est pas unie. On y aperçoit de nombreuses crevasses dues au mouvement du glacier. Les raies sombres que l'on voit sur les bords du glacier sont formées par des cailloux arrachés aux pentes de la montagne; on les appelle des moraines.

Un pays humide (à gauche) : Le Montan (Vallée de l'Yonne), dans le Morvan. Il tombe par endroits plus de 1 m. 50 d'eau par an; le sol, granitique, est imperméable. L'eau de pluie ruisselle à la surface du sol et entretient la végétation. Les rivières sont abondantes, les bois épais, les vallées verdoyantes. Au milieu de la rivière, on aperçoit un barrage qui arrête les bûches transportées jusque-là par le flottage, et empilées ensuite sur la rive droite.

Un pays sec (à droite) : Les Cévennes, dans l'Hérault. Sur le versant méditerranéen des Cévennes, les pluies sont rares et tombent par averses courtes et violentes. Les eaux n'ont pas le temps de pénétrer dans le sol, elles dévalent en torrents rapides qui grossissent et baissent brusquement. Il en résulte que les pentes sont sèches, nues, et continuellement dégradées, et que les cours d'eau sont très irréguliers. La vue ci-contre est prise au moment des basses eaux. En temps de crue le niveau monte de plus de 3 mètres.

L'action du vent. C'est surtout au bord de la mer que se fait sentir l'action du vent qui souffle du large et que rien n'arrête. A gauche, une forêt de pins tordus par le vent et rabougris, dans les Landes. A droite, des dunes de sable formées par le vent, près d'Arcachon. On cherche à fixer ces dunes en y plantant des arbres ou en y semant des herbes, dont les racines retiennent le sable.

La Forêt et le déboisement

La forêt dans les Vosges. Les pentes des Vosges sont couvertes de magnifiques forêts de hêtres ou de sapins analogues à celle que représente la figure de gauche, où des arbres s'élancent, d'un seul jet, à 15 ou 20 mètres de hauteur même sur des pentes inclinées comme des toits de maison ; mais à mesure que l'on s'élève, les arbres sont moins vigoureux, plus rabougris, plus noueux. La gravure de droite, qui représente le sommet du Ballon d'Alsace, montre des arbres trapus, rabougris, et des buissons, qui parsèment la chaume, souvent marécageuse à cause du sous-sol imperméable et couvert d'herbe courte, que paissent les vaches. Au premier plan, de droite à gauche, on remarque la diminution progressive de la taille des arbres, qui s'accentue encore, si l'on regarde vers l'arrière, sur la croupe exposée au vent. Remarquer aussi la forme arrondie du Ballon d'Alsace, un des principaux sommets des Vosges granitiques du sud (1250 m.). Cet aspect dénudé des sommets vosgiens est plus marqué dans la partie sud de la chaîne qu'au nord. Cela tient à l'altitude plus élevée des Vosges du Sud, et à la nature granitique de leur sol.

Les méfaits d'un torrent dans une montagne déboisée. Le 11 avril 1906, le torrent de Séchéron (Savoie), roulant des boues et des cailloux, dévale brusquement sur une pente des Alpes, dévastant les cultures et les villages. On voit la trace blanche qu'ont laissée ses débris à travers les champs. Il semble qu'une avalanche de rochers et de boue soit passée par là. Cette photographie a été prise immédiatement après le sinistre. Le torrent, resserré dans le haut entre des berges rocheuses, s'est étalé largement à partir du village. Au bas de la gravure, la zone dévastée a près de 400 mètres de largeur. Remarquer, malgré la couche de boue, l'étagement en terrasses des cultures, qui a pour objet d'augmenter l'épaisseur de terre arable.

Les méfaits d'un torrent. Cette vue, prise six ans après, montre comment, après des efforts persévérants et longs, les habitants sont parvenus à tout remettre en état. Seuls, les rochers entraînés par le torrent, trop lourds pour être déplacés, sont restés en place au milieu des champs. Le village s'est rebâti, les cultures se sont reconstituées, et, par une compensation insuffisante des dommages causés, elles semblent avoir bénéficié des alluvions apportées par l'inondation. Remarquer le caractère dispersé du village, signe que l'eau ruisselle partout et que les maisons n'ont pas besoin de se rassembler auprès d'un cours d'eau. Remarquer aussi la disposition des champs parallèles, qui évitent de suivre la ligne générale de pente.

Une cave de Reims (Champagne). Creusées dans la craie, certaines caves de Reims s'étendent sur plusieurs kilomètres de longueur. Le vin de Champagne y est méticuleusement soigné. Pendant trois mois, les bouteilles sont remuées tous les jours.

Une scène de vendange (Bourgogne).

Une scène de moisson (Limagne). Peu à peu, les moissonneuses mécaniques remplacent les faucheurs. Cette moissonneuse-lieuse est attelée de deux bœufs, plus forts, plus résistants et plus lents que des chevaux. La machine fauche le blé et le lie en gerbes.

Le battage du blé (Beauce). La batteuse mécanique à vapeur remplace peu à peu l'ancienne batteuse à bras ou à cheval. Au premier plan, la machine à vapeur qui, par une courroie de transmission, actionne la batteuse (à l'arrière). Cette machine emploie environ vingt hommes et peut battre jusqu'à 150 sacs de grain par jour, sept à huit fois plus que la batteuse à bras ou à cheval.

Pommiers à cidre (Normandie). Le raisin ne mûrit pas en Normandie. Dans les herbages normands, on cultive des pommiers à cidre.

Le houblon (Bourgogne). Dans le Nord et l'Est de la France, on cultive le houblon. Le houblon grimpe le long de perches, que l'on arrache au moment de la récolte. Les fleurs de houblon sont cueillies et séchées. Les perches, défilées, sont mises en tas (à droite) jusqu'à l'année suivante. Les houblonnières veulent un sol riche et profond. La récolte a lieu en septembre.

Un pâturage de montagne au sommet du Puy-de-Dôme. Sur les sommets ou les pentes des montagnes, des pâturages secs d'herbe courte se prêtent à l'élevage du mouton.

Un herbage normand. Dans les vallées normandes, abritées, humides et bien arrosées, de belles prairies permettent l'élevage intensif du gros bétail. Au premier plan, des vaches laitières. En arrière, des chevaux.

Les cultures industrielles : un champ de tabac dans le bassin aquitain. Le tabac demande un sol riche et bien cultivé, en même temps qu'un climat chaud. La culture du tabac n'est pas libre en France. Elle est réglementée et surveillée par l'État, qui achète aux producteurs les feuilles de tabac pour les traiter dans ses manufactures.

Une laiterie modèle. École de laiterie de Mamirolle (Doubs). On trouve, dans toute la région du Jura, de nombreuses laiteries, qui s'appellent des *fruitières*, et qui appartiennent à des syndicats ou à des sociétés coopératives d'éleveurs. C'est dans ces fruitières que se fabrique notamment le *fromage de Gruyère*. A droite, une écrémeuse, à gauche une baratte rotative. Tous ces appareils sont mus à l'électricité.

La culture des fleurs dans le midi méditerranéen. La cueillette des jasmins, près de Cannes.

Les cultures maraîchères dans les environs de Paris. La culture des légumes est très importante dans la banlieue des grandes villes, pour la nourriture de la population urbaine. Dans ce jardin, les légumes sont cultivés sous châssis ou sous cloches, pour hâter la végétation. A gauche, une tour supportant un réservoir à eau relié à une canalisation qui permet l'arrosage de tout le jardin.

Une mine de houille. La gravure ci-dessus représente **l'extérieur** de la mine, avec les poulies et les câbles qui font monter et descendre les bennes, et les bâtiments contenant les machines d'aération, de ventilation et les pompes d'assèchement de la mine.
A droite, **l'intérieur** d'une galerie de mine, que des mineurs sont en train de boiser, c'est-à-dire de garnir d'un revêtement protecteur en bois, pour empêcher les éboulements.

L'industrie métallurgique : Le gros marteau-pilon du Creusot. Il pèse 1 000 tonnes, et forge avec autant de précision que de force les plus gros blocs d'acier. Un homme suffit pour le mettre en mouvement. On voit la pièce à forger supportée par d'énormes chaînes d'acier. Au premier plan, un groupe d'hommes est employé à faire tourner cette pièce sur ses supports, selon l'endroit qu'il s'agit de forger. Une presse hydraulique fait remonter le marteau.

Les constructions navales. Chantiers de la Seyne, dans la rade de Toulon. Cette gravure représente les chantiers de la société des Forges et Chantiers de la Méditerranée, ave[illegible]
en construction, et entourées d'échafaudages et de charpentes, les masses puissantes de trois cuirassés, parmi lesquels le "Patrie" et le cuirassé "Justice", ainsi que des vaisseaux de moindre tonnage et des navires de commerce. Les Forges et Chantiers de la Méditerranée sont parmi les plus importantes entreprises de France pour les constructions na

Fabrication du papier (AUTREFOIS). Travail à la main. A droite, un ouvrier prend la pâte dans la cuve et la fait sécher sur [illegible] rectangulaires. C'est le « papier à la cuve ». — A gauche, une chaudière pour la fabrication de la pâte à papier.

Fabrication du papier (AUJOURD'HUI). Papeterie d'Essonnes, près Corbeil. Au premier plan, les cuves pleines de pâte; en arrière des bacs et des rouleaux chauffés où la pâte sèche.

L'intérieur d'une filature, DANS LES VOSGES. Les fils de coton s'enroulent à des broches disposées verticalement. Les ouvriers surveillent le travail des machines et rattachent les fils qui viennent à casser.

La houille blanche sur usines Bergès, à Lancey (Isère). Une double canalisation amène, du haut de la montagne, l'eau qui fait mouvoir les turbines.

[illegible] travaillent également pour les pays étrangers. Remarquer la position inclinée des navires en construction. Quand la coque est terminée, on enlève les échafaudages et le navire [illegible] dans la mer. Il ne reste plus alors qu'à l'aménager, et, s'il s'agit d'un navire de guerre, à l'armer de canons.

Les Transports sur route

AUTREFOIS : LA DILIGENCE, tirée par 6 ou 8 chevaux, était, avant les chemins de fer, le principal moyen de transport. Les diligences parcouraient de 80 à 120 km par jour. De distance en distance, des relais permettaient de changer de chevaux. Chaque voiture pouvait emmener une vingtaine de personnes.

AUJOURD'HUI : L'AUTOBUS complète les chemins de fer pour les régions éloignées des voies ferrées. Il les remplace à l'intérieur des villes et dans les contrées montagneuses. Cette gravure représente un des nombreux autobus qui parcourent les rues de Paris.

Les belles routes de France. ROUTE DE SOSPEL AU COL DE BRAUS (Alpes-Maritimes). La France a le plus beau réseau routier du monde. Certaines routes de montagnes, notamment dans les Alpes, le Jura et les Pyrénées, ont exigé des travaux d'art considérables. La route de Sospel au col de Braus escalade les pentes des Alpes-Maritimes par de nombreux lacets dont les virages tournants, soutenus par des travaux de maçonnerie, permettent la circulation des automobiles et des autocars. La route se déroule au milieu des roches, puis des broussailles et des pâturages maigres. Entre Sospel et le col de Braus, la différence d'altitude est de plus de 1 200 m, pour une distance à vol d'oiseau de 5 à 6 kilomètres seulement. Des sentiers muletiers évitent aux piétons les nombreux détours de la route.

Le défilé de Ruoms (Ardèche). Pour ménager la place d'une route dans le défilé très étroit de l'Ardèche à Ruoms, on a été obligé d'entailler par endroits l'une des parois du défilé, où la route forme une sorte de galerie à arcades. Ruoms se trouve à 15 km au sud d'Aubenas, sur la route de Bourg-St-Andéol. La route est creusée dans les Monts du Vivarais. Les piliers sont des blocs naturels, étayés par de la maçonnerie.

Voies navigables. Cette gravure représente une *voie navigable naturelle*, la Seine, sur laquelle un remorqueur traîne un bateau contre le courant.

Le pont-canal de Briare (à gauche), grâce auquel le canal de Briare franchit la Loire et va rejoindre, sur la rive gauche, le canal latéral à la Loire, mettant ainsi en communication la région parisienne avec le centre de la France.

Les Voies de Communication

Une locomotive en 1827. Inventée par l'Anglais Stephenson, perfectionnée par le Français Marc Seguin qui imagina la chaudière tubulaire, cette locomotive traînait quelques wagons entre Paris et Saint-Germain-en-Laye à la vitesse de 20 à 25 kilomètres à l'heure. Entre les roues, on aperçoit le piston vertical. A droite, le tender en bois, avec le réservoir à eau.

Une locomotive d'aujourd'hui. Cette puissante machine, utilisée pour les trains rapides, peut parcourir plus de 100 kilomètres à l'heure. Les trains étant plus longs et plus lourds qu'autrefois, il a fallu, pour les traîner, produire plus de vapeur, donc augmenter les dimensions de la chaudière et de la grille. Cette machine a près de 20 m. de long. Le nombre des roues a été augmenté pour que la machine ne patine pas. Les trois roues de gauche sont commandées par des bielles.

Un viaduc de pierre. Le viaduc de Chaumont. Les premiers viaducs ont été construits en pierre comme celui-ci, qui a 600 m. de longueur et 50 m. à sa plus grande hauteur. Il donne une impression robuste et massive.

Un viaduc métallique. Le viaduc de Garabit, près de St-Flour. Aujourd'hui, on construit les viaducs en acier ou en béton armé. Le viaduc de Garabit, sur la ligne de Neussargues à Béziers, à 9 kilomètres de St-Flour, est à 122 mètres au-dessus du niveau de la Truyère. Il est l'œuvre de l'ingénieur Eiffel, le constructeur de la tour Eiffel, à Paris. Le tablier métallique du viaduc a 564 mètres de longueur. Un autre magnifique viaduc du Massif Central est celui du Viaur, entre Carmaux et Rodez qui a 116 m. de hauteur et 250 m. de longueur.

Une ligne de montagne. La ligne de La Mure (Dauphiné). Particulièrement difficile est la traversée des montagnes par les voies ferrées. Cette vue montre une ligne gravissant les monts du Dauphiné en suivant une corniche étroite, avec des ponts, des remblais et des terrassements qui ont demandé beaucoup de travail.

Les transports aériens. Un avion de commerce. Voici un des avions qui font le service du courrier et des petits colis entre la France et le Maroc, en survolant l'Espagne. Ceux qui transportent les voyageurs sont de dimensions beaucoup plus grandes.

Un navire à vapeur. Le transatlantique « Lorraine » qui fait, en 7 jours, la traversée de France en Amérique. Véritable ville flottante qui peut transporter un millier de passagers.

Un voilier. Moins rapides que les vapeurs, les voiliers transportent à bon compte les cargaisons qui ne sont pas attendues à jour fixe. Les transports par voiliers sont plus longs et moins coûteux que par vapeurs. La France possède environ [illegible] navires à vapeur et [illegible] voiliers. Remarquez, au premier plan, la jetée du port, terminée par un phare.

Un entrepôt. Le grand hall à marchandises dans le port du Havre, où s'accumulent des produits venus des quatre coins du globe. On y trouve notamment du café, qui vient du Brésil, du coton des États-Unis, des laines de la République Argentine. Le hall est une vaste construction métallique, qui a plusieurs centaines de mètres de longueur.

Un port militaire : Lorient, au fond d'une rade étroite, mais d'accès difficile pour les grands navires. Au premier plan, les arsenaux. Au milieu du chenal, terminé par deux jetées, on aperçoit de petits vaisseaux de guerre (torpilleurs). Le port fut fondé en 1666 sous le ministère de Colbert, par la Compagnie des Indes orientales pour faire le commerce avec l'Orient. Aujourd'hui ce port aurait besoin d'être amélioré et agrandi.

Un port de commerce fluvial : Rouen. Rouen est aujourd'hui le premier port de France par l'importance du tonnage des marchandises. A droite, le long des quais, de nombreux navires de commerce. A gauche, au premier plan, un remorqueur. Au fond, le pont transbordeur qui permet de passer d'une rive à l'autre de la Seine sans gêner la navigation ; le tablier du pont, très élevé, ne sert qu'à supporter, par des câbles, une plate-forme suspendue qui se déplace ainsi entre les deux piliers et transborde les voyageurs.

Bateaux de pêche sortant du port de Boulogne, le plus grand port de pêche français. Les bateaux boulonnais vont surtout pêcher le hareng dans la mer du Nord.

Un navire de guerre : Le Cuirassé "La Bretagne". L'un des plus récents parmi nos grands navires de guerre. Ces navires ont leurs parois formées par une cuirasse métallique de 20 à 30 cm. d'épaisseur. Les deux ancres que l'on voit au premier plan pèsent chacune 7 à 8000 kilos. Au-dessus du pont se dressent les tourelles blindées, armées de canons qui lancent des obus de 35 cm. de diamètre. En haut, le mât de T. S. F.

L'outillage d'un port : Une des puissantes grues hydrauliques servant au chargement et au déchargement des navires sur un quai de Bordeaux. Tous les ports sont munis de ces grues puissantes, qui soulèvent des charges de 10 à 30 tonnes, soit le chargement de 2 à 3 wagons de marchandises.

Les appontements de Pauillac (Gironde). Les grands navires qui ne peuvent remonter jusqu'à Bordeaux s'arrêtent à Pauillac qui est, à 50 km en aval, sur la Gironde, l'avant-port de Bordeaux. Les appontements de Pauillac prennent chaque année plus d'importance. À la sortie, les navires attendent la marée favorable. À l'entrée, tous les vaisseaux à destination de Bordeaux sont soumis à la visite de la douane et de la santé.

Le Port de Marseille : Bassin de la Joliette. Autrefois, Marseille n'avait qu'un bassin peu étendu pour recevoir les navires. C'était le Vieux Port. Aujourd'hui, le port de Marseille s'est développé, et il faut continuellement aménager de nouveaux bassins comme celui-ci, avec des quais et des entrepôts. On voit des navires de toutes les nations, provenant ou à destination de toutes les parties du monde, mais surtout des colonies et de l'Extrême-Orient. Sur les quais, longs de 20 km., s'amoncellent toutes sortes de produits : blé, alfa et minerai d'Algérie-Tunisie, fruits des pays méditerranéens, produits d'Extrême-Orient, etc. Les voies ferrées qui sillonnent les quais servent au transport des marchandises. Au premier plan, un petit vapeur français ; au fond (en blanc), un grand paquebot qui fait le service de l'Extrême-Orient. En arrière, des navires marchands qui attendent le chargement ou le déchargement. — En 1922, il est entré à Marseille 8 000 navires, qui ont débarqué ou embarqué environ 500 000 passagers, et plus de 5 millions de tonnes de marchandises.

La région du Nord

La plaine de Flandre, près de Dunkerque. Ce qui caractérise la plaine de Flandre, ce sont de grandes étendues plates, avec, à l'horizon, de petits moulins. Le ciel est souvent brumeux, le climat humide ; les cours d'eau sont abondants, réguliers et lents, très favorables à la navigation. Comme en Belgique et en Hollande, on trouve de nombreux moulins à vent. Cela tient à ce que, sur cette plaine où rien ne les arrête, des vents fréquents et réguliers soufflent de la mer. Les moulins fabriquent de la farine ou de l'huile (colza, navette).

La culture dans la vallée de la Somme. L'Hortillonnage, près d'Amiens. La Somme forme de nombreux bras qui enveloppent des champs et des jardins très fertiles, mais coupés d'un grand nombre de canaux et où l'on ne peut accéder qu'en barque. C'est l'hortillonnage. Au premier plan, deux maraîchers se rendent dans leur jardin dans une barque à fond plat qu'ils font avancer au moyen de perches enfoncées dans le lit de la rivière. C'est également en barque que se fait le transport des légumes vers les marchés. — Le sol est très fertile. Pas une parcelle de terrain n'est perdue. Ces jardins étaient autrefois des tourbières, analogues à celles qui bordent la Somme. A cause de ces tourbières, les villes n'ont pu s'installer qu'aux endroits où les rives, plus sèches, facilitent le passage de la vallée (ex. Amiens, St-Quentin).

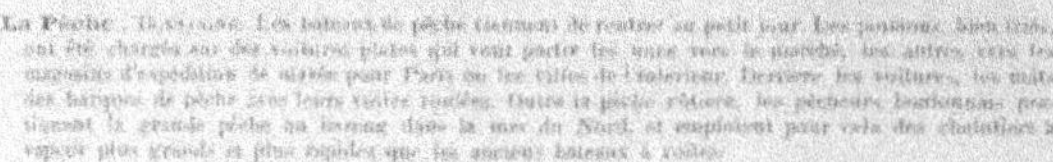

La Pêche. Boulogne. Les bateaux de pêche viennent de rentrer au petit jour. Les poissons, bien triés, ont été chargés sur des voitures plates qui vont porter les uns vers le marché, les autres vers les magasins d'expédition de marée pour Paris ou les villes de l'intérieur. Derrière les voitures, les mâts des barques de pêche avec leurs voiles roulées. Outre la pêche côtière, les pêcheurs boulonnais pratiquent la grande pêche au hareng dans la mer du Nord, et emploient pour cela des chalutiers à vapeur plus grands et plus rapides que les anciens bateaux à voiles.

Un Pêcheur. C'est un type d'homme très répandu à Boulogne et dans les ports de pêche de la région du Nord, avec son chapeau et ses vêtements de toile goudronnée, ses grandes bottes bien graissées, et ses paniers à poissons. Le métier de pêcheur est très pénible, et souvent dangereux.

Les quais à Denain. L'Escaut calme, régulier, semblable à un canal, coule entre des usines et des puits de mine et porte de grosses péniches chargées de houille. Au premier plan, des bateaux attendent d'être chargés. A gauche, un entrepôt. Au fond, des usines et des cokeries.

Le beffroi de Douai. La plupart des villes flamandes sont riches en souvenirs et en monuments historiques, et s'enorgueillissent de beffrois moyenâgeux semblables à celui-ci. Les beffrois commémorent l'époque des Communes. Celles de Flandre, industrieuses, très peuplées, étaient particulièrement riches et prospères.

Les usines d'Anzin. Les Laminoirs. Après l'industrie textile, l'industrie métallurgique occupe une place importante dans le Nord, notamment à Fives-Lille et à Anzin. La gravure représente de puissants laminoirs qui servent à étirer et à amincir des blocs d'acier de plusieurs tonnes.

Un mineur. Voici le mineur du Nord, avec son chapeau de cuir, son marteau et sa davy (lampe Davy), prêt à descendre dans la mine par la benne qui se trouve derrière lui.

Les maisons ouvrières. Les maisons ouvrières, ou corons, toutes semblables, bien alignées, construites en briques, et bientôt noircies par les fumées des usines, donnent une physionomie particulière à la région industrielle du Nord. C'est le "pays noir" dont la population vit de la mine ou de l'usine. Beaucoup de ces maisons du "pays noir" ont été détruites pendant la guerre.

Un aspect des Vosges. Lacs de Longemer et de Retournemer. Cette vue est prise du sommet du Hohneck sur la vallée de Gérardmer dont le lac est à peine visible à l'arrière-plan. On voit que les Vosges ne donnent pas l'impression d'être très élevées. Ce sont des montagnes aux sommets usés et aplanis, aux vallées à fond plat, élargies par les glaciers qui jadis couvraient les Vosges. Entre les pentes boisées, couvertes de magnifiques futaies de sapins et de hêtres, le fond des vallées est tapissé de prairies. Les barrages derrière lesquels se sont formés ces lacs sont dus à des moraines, c'est-à-dire à des sables et des roches transportés par les glaciers et abandonnés au milieu des vallées lorsque les glaciers ont disparu. Au premier plan on voit nettement la moraine ancienne, couverte d'arbres, qui retient les eaux du lac de Retournemer, bien plus élevé que le lac de Longemer.

Une Alsacienne. C'est le costume traditionnel de l'Alsacienne, avec le grand nœud de ruban sur les cheveux. Ce costume disparaît peu à peu, sauf en Basse-Alsace, dans les villages agricoles du Kochersberg, entre Strasbourg, Saverne et Haguenau, où l'on trouve encore de très beaux costumes.

Les Hauts fourneaux de Pont-à-Mousson. À cause de ses riches gisements de minerai de fer, la Lorraine est une importante région d'industrie métallurgique. Elle a des usines modernes et bien outillées.

Les carrières d'Euville (Meuse). Les côtes calcaires de Meuse fournissent d'admirables pierres de taille, extraites à la mine, manipulées par des grues gigantesques, et transportées jusqu'au canal de la Marne au Rhin d'où elles sont acheminées vers Paris ou Nancy.

Strasbourg. Vue générale. Strasbourg est une ville très pittoresque. Son quartier central, enveloppé par les bras de l'Ill, a, près de la cathédrale, de vieilles maisons alsaciennes qui sont très jolies. La cathédrale de Strasbourg est l'une des plus belles de France. Strasbourg est aussi une grande ville de commerce et d'industrie, avec un port sur le Rhin.

Une vallée du Jura : Vallée de la Valserine, à Mijoux (Ain) étroite et verdoyante entre des escarpements calcaires. Le village s'étire le long des routes. En haut, la forêt de sapins; en dessous du calcaire, puis les pentes douces des prairies argileuses.

Le Saut du Doubs, dans le Jura près de la frontière suisse. La chute a une hauteur de 25 mètres. Elle est due à ce que le calcaire se laisse facilement entamer et creuser par l'érosion. Elle se trouve près de la frontière de la France et de la Suisse.

Vesoul et le Sabot de Frotey (Haute-Saône). C'est l'échantillon curieux et pittoresque d'une roche calcaire découpée par l'érosion. En arrière, la vallée de la Saône et ses prairies.

La Saône à Fourvières, vue prise en ballon, au-dessus de Lyon, près du confluent de la Saône et du Rhône. A gauche, c'est le coteau de Fourvières. Au premier plan, une région plate formée par les alluvions de la Saône et du Rhône avant leur confluent.

Une ville industrielle : Le Creusot. Situé à proximité d'un bassin houiller, le Creusot est une grande ville industrielle. Au début du XIXe siècle, le Creusot n'était qu'un modeste village. On y compte aujourd'hui près de 30.000 habitants. La ville tout entière n'est qu'une vaste usine métallurgique où l'on fabrique des machines, des armes et des constructions métalliques.

Les Alpes humides et boisées de Savoie : Le [illegible] près Echelles, avec de magnifiques forêts de sapins et de hêtres. Des pâturages à l'herbe drue permettent l'élevage des bœufs et des vaches. C'est la partie la plus verte des Alpes.

Les Alpes sèches de Provence : La Route du Col d'Allos. Aspect désert, [illegible] des Alpes méridionales. Au fond, le Mont Pelat (3053 m.) La route monte en lacets et escalade la montagne à plus de 2300 m.

La Saône et le Rhône à Lyon (vue prise en ballon) un peu avant le confluent. Le quartier central de Lyon est bâti sur les alluvions qu'ont laissées entre eux les deux cours d'eau, la Saône (à gauche) et le Rhône (à droite). Au fond, la plaine de la Bresse. Sur la Saône on voit de nombreux bateaux. On n'en voit point sur le Rhône.

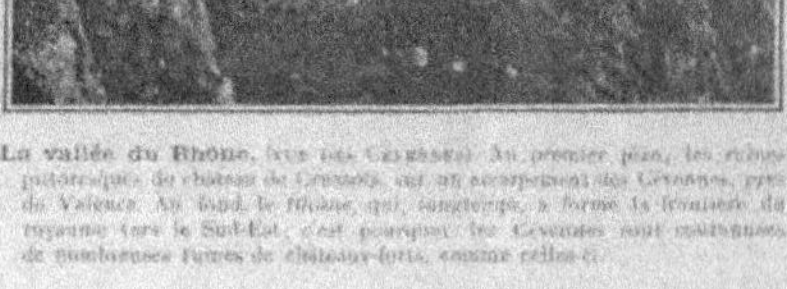

Les Salins d'Hyères et la Presqu'île de Giens. Giens est une île véritable qu'une double flèche de sable rattache au continent. Au milieu de l'île, qui se trouve au premier plan, des marais salants. Au fond, la côte de Provence avec les monts boisés des Maures, aux magnifiques forêts de pins et de chênes-lièges.

La vallée du Rhône, (vue des [illegible]). Au premier plan, les ruines pittoresques du château de Crussol, sur un escarpement des Cévennes, près de Valence. Au fond le Rhône, qui, longtemps, a formé la frontière du royaume vers le Sud-Est; c'est pourquoi les Cévennes sont couronnées de nombreuses ruines de châteaux-forts, comme celles-ci.

Le Vignoble du Languedoc. Dans la plaine sablonneuse du Bas-Languedoc, le vignoble est la principale et parfois l'unique forme de culture. Ceci représente un « domaine » enclos de murs. C'est là que l'on récolte les vins du Midi, riches en alcool. Ce sont surtout des vins rouges ordinaires. Dans l'allée, un ouvrier, ayant au dos un pulvérisateur, est en train d'injecter du sulfate de cuivre pour combattre les maladies de la vigne.

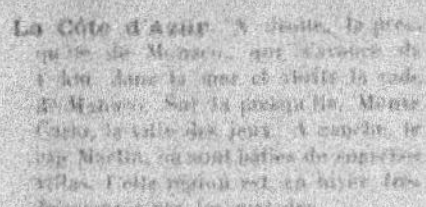

La Côte d'Azur. A droite, la presqu'île de Monaco, qui s'avance de 1 km. dans la mer et abrite la rade de Monaco. Sur la presqu'île, Monte-Carlo, la ville des jeux. A gauche, le cap Martin, où sont bâties de superbes villas. Cette région est, en hiver, très fréquentée par les malades.

Un aspect de la Provence. La Corniche, près de Marseille. C'est une magnifique route qui borde la côte entre Marseille et Toulon, et d'où l'on jouit d'une vue splendide.

Plantations d'oliviers. L'olivier est l'arbre caractéristique de la région méditerranéenne. C'est une plante très vivace aux feuilles étroites et argentées. Certains oliviers sont plusieurs fois centenaires et offrent des troncs évidés jusqu'à la souche... Les olives sont récoltées en octobre. Quelques-unes sont conservées pour être mangées en fruit. La plupart sont portées au moulin, où elles sont broyées et pressées. Les olives donnent une huile très renommée. La culture de l'olivier a été introduite en Provence par les Grecs et les Romains. Un des principaux centres de la fabrication de l'huile d'olive est Salon, près d'Aix. On obtient, en huile, de 15 à 30 % du poids des olives. Le meilleur rendement est obtenu pendant les années sèches.

Récolte du liège. Le liège est l'écorce d'un arbre, le chêne-liège, dont on trouve de belles forêts en Provence, notamment dans la région des Monts des Maures et de l'Esterel.

La Corse : Vue d'Ajaccio. Sur une magnifique rade, la ville d'Ajaccio, adossée à la montagne, offre un aspect très pittoresque et jouit en hiver d'un climat très doux. Les pentes des montagnes sont couvertes d'une végétation de buissons et de broussailles que l'on appelle le maquis. Ces montagnes paraissent d'autant plus élevées qu'elles se dressent brusquement au-dessus de la mer.

Deux aspects des Pyrénées.

Gorges de Galamus (à gauche), dans les Pyrénées Orientales, sèches, nues, soumises au climat méditerranéen. Cette partie des Pyrénées est, par l'aspect, comparable aux Alpes de Provence. La route que l'on voit sur cette gravure a été taillée dans les rochers, au-dessus du précipice.

Cauterets et le val de Lutour (à droite), dans les Pyrénées Occidentales, humides, bien arrosées, soumises à l'influence de l'Atlantique et plus verdoyantes que les Pyrénées Orientales. Au fond du val, un « gave » coule parmi les rochers. Ces gaves, torrents rapides, descendent des montagnes en cascades. Ils sont sujets à des crues brusques au moment de la fonte des neiges et des glaciers. Les pentes sont couvertes de forêts ou de pâturages. Au fond, la vallée semble barrée par la chaîne montagneuse. C'est le long du val de Géret que jaillissent quelques-unes des sources fameuses qui rendent la santé aux malades. Aujourd'hui Cauterets, l'une des villes d'eaux les plus fréquentées de France.

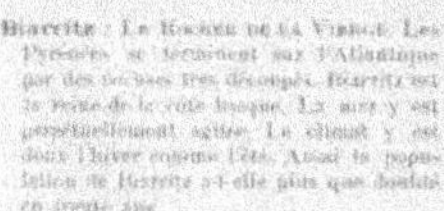

Biarritz : Le Rocher de la Vierge. Les Pyrénées se terminent sur l'Atlantique par des rochers très découpés. Biarritz est la reine de la côte basque. La mer y est perpétuellement agitée. Le climat y est doux l'hiver comme l'été. Aussi la population de Biarritz a-t-elle plus que doublé en trente ans.

Carcassonne : La cité. Au moyen-âge, Carcassonne était une ville fortifiée, entourée des remparts que l'on voit sur cette gravure, et qui, depuis, ont été restaurés au XIXe siècle. La ville moderne est descendue dans la vallée de l'Aude. L'ancienne cité, très pittoresque, est aujourd'hui déserte. Avec ses murs à créneaux, ses tours percées de meurtrières, ses poternes à pont-levis, c'est le plus bel ensemble d'architecture militaire du moyen-âge qui ait été conservé. A gauche, au fond, la vallée de l'Aude.

Les Landes. Autrefois, les Landes étaient un pays pauvre et aride, où des bergers, montés sur des échasses à cause des marécages, gardaient des troupeaux de moutons.

Les Landes. Aujourd'hui, grâce aux *plantations de pins* qui fournissent du bois et de la résine, les Landes sont devenues plus riches. Les sables des dunes sont fixés par les racines des arbres, et les marais sont progressivement asséchés.

La Garonne à Bordeaux. La Garonne, navigable à partir de Bordeaux, a permis à cette ville de devenir un de nos grands ports de commerce de l'Atlantique. Le fleuve, remonté par la marée, a ici 500 m. de largeur. Bordeaux fait surtout du commerce avec l'Afrique occidentale et l'Amérique du Sud. C'est un grand marché pour le commerce des arachides, du caoutchouc, des laines, etc. Par Bordeaux s'exportent aussi les vins de Bordeaux.

Châtellerault. La Manufacture d'Armes. Certaines villes du Centre de la France, comme Châtellerault, [illegible], Tulle, Bourges, situées loin des frontières et à l'abri des invasions, ont d'importantes manufactures d'armes, qui travaillent pour le compte de l'État. Les manufactures de Châtellerault s'élèvent au bord de la Vienne qui a été barrée et qui, grâce à d'habiles aménagements, donne sa force motrice à plusieurs usines. Ces usines fabriquent principalement des armes à feu. A droite, on voit la rivière s'engouffrer dans trois passages couverts, qui conduisent l'eau sur les turbines. Le bâtiment de gauche est un atelier.

Le Port de La Rochelle. Autrefois très important et célèbre par le siège de 1628 (Richelieu), le port de La Rochelle avait, depuis, beaucoup perdu de son activité, mais était resté un grand port de pêche. De La Rochelle sont parties, au XVIIe siècle, de nombreuses expéditions coloniales vers les Canaries, la Côte occidentale de l'Afrique, et le Canada. Cette cité maritime, si grande dans notre histoire, a gardé un aspect très particulier. En arrière d'un golfe mal fermé par des avancées de terres basses s'ouvre, entre deux vieilles tours, le bassin, peu profond, où mouillent des bateaux de pêche et des navires de faible tonnage. Pour ranimer l'activité commerciale de ces parages, on a construit à côté de La Rochelle le beau port de La Pallice. Depuis quelques années, La Rochelle tend à reprendre de l'importance.

5

Un aspect des Cévennes : Le Mont Lozère. Vues de l'ouest, les Cévennes offrent l'aspect de grosses masses montagneuses arrondies et terminées en dômes. Le Mont Lozère est un dôme granitique de 1700 m. d'altitude.

Un aspect des Causses. Le Causse de Gramat. On aperçoit de grandes étendues monotones de plateaux calcaires, caillouteux, où l'on élève le mouton.

Saint-Chamond. Cette ville fait partie de la région industrielle de Saint-Étienne. Elle doit son importance à l'industrie métallurgique. Saint-Chamond se spécialise de plus en plus dans le travail fin de l'acier, et les constructions métallurgiques les plus complètes. Les « Forges et Aciéries de la marine » fabriquent des plaques de blindage, des pièces de marine, des tourelles cuirassées pour les navires et les forts.

Pâturage sur le plateau d'Aubrac. Le sol volcanique est riche, et, bien arrosé par les pluies, il permet l'élevage du gros bétail. Le relief semble peu accidenté, mais l'on se trouve déjà à une altitude de 800 à 1 000 mètres. Le terrain plat retient l'eau, et l'humidité entretient des pâturages d'herbe drue. Les villages, comme celui que l'on voit à l'arrière-plan, sont rassemblés autour des sources ou des cours d'eau. Souvent, il y a, sur l'Aubrac, jusqu'à 30 000 têtes de gros bétail et 50 000 moutons.

Une mine à ciel ouvert, près de Decazeville. Il y a, dans le Massif Central, de nombreux petits bassins houillers. Ici, la houille est à une faible profondeur et peut être exploitée à ciel ouvert.

Une région volcanique. Les Rochers Tuilière et Sanadoire. Ce sont des pointements de roches éruptives, très dures, qui ont résisté à l'érosion. Leurs parois abruptes contrastent avec les lignes mollement ondulées du relief environnant. Remarquer la belle végétation forestière des pentes.

Les Orgues de Saint-Flour. En plusieurs endroits (Saint-Flour, Bort), les roches volcaniques offrent l'aspect de colonnes prismatiques juxtaposées, comparables à des tuyaux d'orgues. Ce sont des roches de couleur sombre.

La Montagne Noire, pays de climat sec, au sol dénudé et raviné. Dans la vallée, une usine électrique utilisant la houille blanche.

Le Puy de Dôme et la chaîne des Puys. Au premier plan, le sommet du Puy de Dôme avec un hôtel, un observatoire météorologique, et, sur la gauche, les ruines d'un temple romain. En arrière, la chaîne des Puys, dont les cônes réguliers bordent la plaine de la Limagne. Au sommet de quelques puys, on distingue les cratères.

Voies de communication. Le Viaduc du Lioran, dans les monts du Cantal, sur la ligne d'Aurillac, fait suite au tunnel du Lioran. La voie ferrée traverse une région très pittoresque, mais très accidentée.

Le Puy en Velay. Dans le bassin du Puy, deux roches volcaniques dures ont résisté à l'érosion qui creusait les terrains plus tendres. A gauche, *l'Aiguille Saint-Michel*, véritable tour de lave surmontée d'une église. A droite, *la roche Corneille* qui sert de piédestal à une statue gigantesque. Ces rochers donnent au Puy un aspect très pittoresque.

L'Ar-Mor ou Pays de la mer. La Côte près de Paimpol. Côte très découpée, bordée de nombreuses îles.

L'Intérieur de la Bretagne. Le Menez-Hom dans les montagnes Noires. Ce mont n'a que 330 m. d'altitude; pourtant c'est l'un des points culminants de la Bretagne. La lande est couverte de genêts et d'ajoncs. Çà et là, des pommiers à cidre.

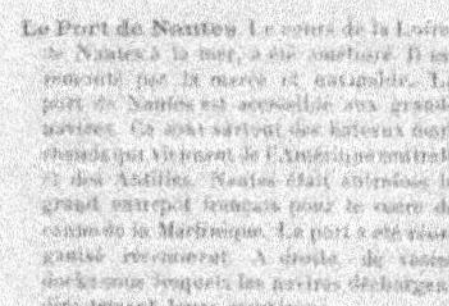

Types et costumes bretons : Les joueurs de biniou. La Bretagne a gardé, plus que les autres provinces de France, ses mœurs et ses costumes d'autrefois. Voici des joueurs de biniou, avec leurs grands feutres et leurs blouses, comme on en rencontre fréquemment en Bretagne dans les foires, aux noces et dans les pardons.

Le Port de Nantes. Le cours de la Loire, de Nantes à la mer, a été canalisé. Il est remonté par la marée et navigable. Le port de Nantes est accessible aux grands navires. Ce sont surtout des bateaux marchands qui viennent de l'Amérique centrale et des Antilles. Nantes était autrefois le grand entrepôt français pour le sucre de canne de la Martinique. Le port a été réorganisé récemment. A droite, de vastes docks sous lesquels les navires déchargent directement leurs cargaisons.

Vieilles maisons à Quimper. Quimper, Morlaix et un grand nombre de petites villes bretonnes ont conservé de vieilles maisons comme celles-ci qui, le long de rues étroites et tortueuses, donnent aux cités un aspect très pittoresque.

Le mont Saint-Michel. Construite sur un rocher granitique de 50 m. de hauteur, et isolée par la mer à marée haute, l'ancienne abbaye du mont Saint-Michel est une des merveilles de l'art français. En haut, l'abbaye semblable à une forteresse. En bas, une petite cité à l'intérieur des remparts.

Les Falaises d'Étretat. La plus grande partie de la côte crayeuse du *Pays de Caux* est bordée de falaises, aux roches battues, rongées, et creusées par les vagues. Ces falaises ont [illegible] plus de 100 m. de hauteur. En bas, une plage étroite envahie par la mer à marée haute.

Le plateau que forme le pays de Caux s'avançait autrefois bien plus sur la mer. Sous l'action des vagues, la côte recule continuellement. Les raies alternativement claires et sombres que l'on aperçoit horizontalement sur la falaise, correspondent aux différentes sortes de terrains. L'arche que l'on voit à droite est due à ce qu'une roche plus tendre a cédé plus vite à l'érosion. La mer agrandit continuellement cette arche qui finira par s'écrouler, ne laissant qu'un pilier [illegible] en avant de la falaise.

La terre et les cailloux arrachés aux falaises du pays de Caux sont entraînés par les courants et les marées, et déposés dans la baie de la Somme qu'ils emplissent progressivement.

La rade de Cherbourg. Construit par Vauban, à l'extrémité du Cotentin, le port militaire de Cherbourg est protégé par une digue de 4 km. de longueur. A cause de sa situation géographique, Cherbourg tend à devenir un grand port de commerce où font escale les paquebots qui vont d'Europe en Amérique.

Pâturage normand (Cotentin). Le climat humide est favorable aux prairies. Remarquer la forme des arbres, tordus par le vent de la mer. C'est l'automne; les arbres sont dépouillés. Beaucoup de troncs sont couverts de lierre. Les prairies sont entourées de haies vives.

La Seine à Rouen. La Seine coule entre des collines calcaires et forme de larges boucles. A droite, la vieille ville de Rouen, avec ses nombreux clochers. A gauche, les quartiers industriels, où l'on trouve des filatures et des tissages de laine et de coton. Remarquer l'aspect blanchâtre des hauteurs calcaires de droite. Sur la rive concave du fleuve (à droite), la vallée est étroite. A gauche, au contraire, sur la rive convexe, le sol est plus plat. Au milieu du fleuve, des îles de sable boisées. En avant, le pont du chemin de fer.

Lisieux, vieilles maisons. La plupart des villes normandes sont très anciennes ; elles ont gardé du passé de magnifiques monuments et des maisons pittoresques. Ainsi Lisieux, Bayeux, Caen, Rouen. Remarquer, dans ces vieilles maisons, les étages surplombants, les pignons très aigus, les charpentes apparentes et les petites fenêtres.

Les Châteaux de la Loire. CHENONCEAUX, construit sous Henri II et Charles IX par Philibert Delorme. Le Château est élevé au bord du Cher, dans lequel il se reflète gracieusement. Au premier plan, à droite, le corps du logis, dans lequel on accède par un pont. A gauche et un peu en arrière, la galerie sur le Cher.

Azay le Rideau, près de Tours, dans la vallée de l'Indre, possède un château embelli au temps de François Ier. C'est, avec ceux de Blois, de Chambord et d'Amboise, un joyau de la Touraine. Les cordons de pierre qui ornent la façade sont d'une délicatesse extrême. Les grands toits d'une seule pente, les grosses tours rondes indiquent qu'Azay est plus ancien que Chenonceaux.

La Loire à Tours. Cette vue est prise au temps de crue. En été on voit dans le lit du fleuve de nombreux bancs de sable. La ville (à droite), dominée par la cathédrale, est une des plus belles villes de France.

Elle est avantageusement située entre le Bassin Parisien et la France du Sud-Ouest. De tout temps, ce fut une région de passage et le vieux pont de Tours, que l'on voit sur la gravure, en avant, est sur la route de Paris à Bordeaux. Au XVIe siècle, Tours était prospère grâce à l'industrie de la soie, qui, depuis, a disparu. Parce que la Loire, trop irrégulière, n'est guère navigable, Tours ne peut avoir comme Paris ses quais et son port de commerce ; aussi la ville ne se développe-t-elle que lentement, faute de grande industrie.

Une cave sous le vignoble. En TOURAINE. Dans le calcaire tendre des collines de Touraine, sont creusées des caves et même des habitations. Le long de la Loire, du Cher et de l'Indre, des villages entiers sont ainsi creusés dans la craie.

Un paysage du Berry, près de Bourges. Pays calcaire, sec, monotone, avec de faibles ondulations. Des pâturages d'herbe courte se prêtent à l'élevage du mouton. Il n'y a guère d'arbres, sauf le long des rivières. Les maisons aux murs blancs, aux toits d'ardoise, se rassemblent au bord des cours d'eau. Le paysage ressemble à celui de la Champagne.

Paris. Place de la Concorde (Vue prise en ballon). Cette place fut aménagée sous Louis XV. Pendant la Révolution, elle s'appela Place de la Révolution. Au centre, l'obélisque amené de Louqsor (Égypte), haut de 23 m. et placé à l'endroit où fut exécuté Louis XVI. En même temps que l'obélisque (1836), huit statues symbolisant les grandes villes de France (Lyon, Marseille, Bordeaux, Rouen, Nantes, Lille, Strasbourg, Brest) furent érigées autour de la place. A droite, les Tuileries. A gauche, entre les arbres, l'avenue des Champs-Élysées. Un peu en arrière, la Madeleine. Au fond, la silhouette de Montmartre.

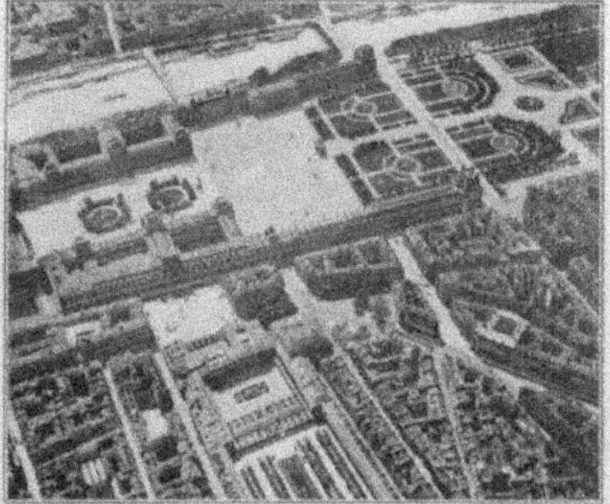

Paris. Les Tuileries (vue prise en ballon). En haut, la Seine. A gauche, le palais du Louvre, ancienne résidence royale, aujourd'hui musée. A droite, les jardins des Tuileries où s'élevait autrefois le palais des Tuileries, brûlé sous la Commune en 1871. En bas et au milieu, le jardin du Palais-Royal.

Notre-Dame de Paris. Construite de 1163 à 1260, elle s'élève dans l'île de la Cité. Primitivement, les deux tours devaient être surmontées de deux clochers, qui n'ont jamais été construits. La flèche a été ajoutée au XIXe siècle. Notre-Dame de Paris est l'une de nos plus belles cathédrales gothiques. En bas, à droite, la statue équestre de Charlemagne.

Paris. Le port Saint-Nicolas, au quai des Saints-Pères. La Seine navigable fait de Paris le premier port de commerce de France. Le long des quais on voit toutes sortes de marchandises et de matériaux amenés par bateau. Remontant la Seine, un petit vapeur transporte des passagers. A l'extrémité du pont des Arts, la coupole de l'Institut. Au fond, la pointe de l'île de la Cité avec la ligne blanche du Pont-Neuf.

Le château de Versailles. La façade. Cette partie du château a été bâtie sous Louis XIV. Au premier étage s'étend la célèbre galerie des Glaces. En avant du château, un jardin français, aux lignes régulières, dessiné par Le Nôtre.

Forêt de Fontainebleau. Les gorges de Franchard. Sur un sol accidenté, parsemé de gros blocs de grès, la forêt de Fontainebleau, avec ses arbres magnifiques, est une des plus célèbres forêts de France. Elle est très fréquentée par les promeneurs et les artistes.

Chez les Arabes. Campement de nomades. Les Arabes nomades vivent de l'élevage de troupeaux qu'ils poussent devant eux, de pâturage en pâturage. Ils campent sous des tentes qui semblent recouvertes d'étoffes somptueuses et qui, en réalité, sont très malpropres. Ils s'enveloppent presque complètement de manteaux de laine blanche pour se préserver de la chaleur. Ils montent des petits chevaux rapides ou des chameaux.

Un tisserand soudanais. Son métier est très primitif. Il est fait de trois perches en faisceau qui soutiennent la bande d'étoffe. Une planchette sert de pédale. En arrière, une case ronde, couverte en chaume. — Le coton, tissé ainsi en bandes de largeur et de finesse variables, est employé par les indigènes pour la confection de leurs vêtements. Le coton qu'ils utilisent est récolté au Sénégal, au Dahomey, mais surtout dans le Soudan.

Une créole de la Martinique. Les créoles résultent du croisement des noirs, venus d'Afrique, et des Européens. Ils sont très nombreux aux Antilles. Les femmes créoles sont souvent très belles. Elles portent des coiffures d'étoffes bariolées qui tranchent sur leurs cheveux très noirs et leur teint bronzé.

Un tirailleur sénégalais. Dans les colonies, la France a enrôlé et armé les indigènes dont elle a formé des régiments de tirailleurs sénégalais, marocains, malgaches ou annamites. Les tirailleurs sénégalais sont aussi disciplinés que braves. La France doit à leur vaillance une partie de ses conquêtes en Afrique. Dans les combats d'Afrique occidentale et équatoriale, de Madagascar, du Maroc, ils ont rivalisé de bravoure avec les troupes métropolitaines. Pendant la Grande Guerre de 1914-1918, les noirs se sont signalés en Europe par de nombreux exploits, particulièrement à la bataille de la Marne, à Dixmude, à la défense de Verdun et sur la Somme. Aux Dardanelles, en Serbie, ils se sont battus jusqu'au dernier homme. En Afrique, ils ont conquis le Togo et le Cameroun, anciennes colonies allemandes, maintenant en partie confiées à la France. — Le soldat que représente cette gravure porte la tenue d'été : veste kaki, pantalon blanc, capote roulée. Il n'a pas de souliers, mais des sandales. Il est coiffé de la chéchia.

En Indo-Chine. Porteurs et porteuses de riz. Voici des Annamites. Ils sont de petite taille. Hommes et femmes sont vêtus presque de la même manière. Sur leurs cheveux noirs et huilés, nattés en chignon, ils portent de grands chapeaux en paille de riz. Aux deux extrémités d'un bâton, que l'on porte en l'équilibrant sur les épaules, pendent des paniers pleins de riz.

Bananier et son fruit. Les bananes sont groupées sur un « régime », qui pèse parfois une trentaine de kilogrammes. La banane sert à la nourriture des indigènes dans tous les pays tropicaux. Elle s'exporte aussi en Europe.

Le caféier. C'est un arbuste très délicat, qui veut un sol riche, bien irrigué, à l'abri des vents chauds et secs. On le trouve dans les régions tropicales. Il peut atteindre 5 à 6 m. de hauteur. Ses fleurs (fig. b) sont petites et blanches. Ses fruits (fig. c) ressemblent à des cerises, qui contiennent chacune deux grains de café (fig. d). On décortique les grains dans des moulins spéciaux, qui déchirent et entraînent la pulpe; puis les grains sont séchés dans des étuves à 25°. 100 kg. de fruits fournissent environ 15 kg. de café du commerce.

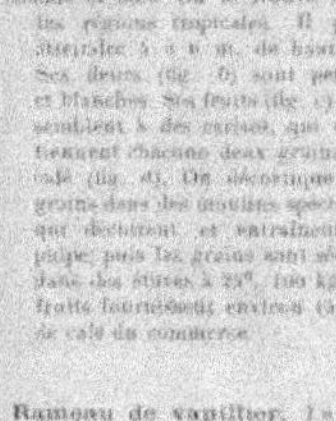

Rameau de vanillier. Le vanillier est une plante grimpante de la famille des orchidées. Son fruit, la vanille, est une capsule cylindrique de 12 à 25 cm de longueur, contenant de nombreuses graines. On récolte la vanille surtout à la Réunion et à Madagascar.

Plantation de canne à sucre à la Guadeloupe. La canne à sucre atteint trois mètres de hauteur. Sa culture demande beaucoup de soins, et la récolte emploie de nombreux ouvriers. Chaque travailleur peut, dans sa journée, couper environ mille cannes, que l'on élague et que l'on écrase ensuite.

Porteurs d'ivoire, au Niger. L'ivoire fut longtemps le principal produit de l'Afrique occidentale. Certains morceaux pèsent jusqu'à 40 ou 45 kilos. Les portages se font toujours en plaçant la charge sur la tête des hommes qui parcourent jusqu'à 30 kilomètres par jour.

Le caoutchouc est un latex, c'est-à-dire un liquide laiteux; il est sécrété par l'écorce de certaines lianes, comme celles-ci, ou d'arbres à caoutchouc, sauvages ou cultivés. Ce latex est ensuite coagulé. Pour recueillir le caoutchouc, on fait des incisions dans l'écorce. Dans les plantations, on a soin de calculer le nombre, la grandeur et l'écartement de ces incisions : trop grandes ou trop fréquentes, elles feraient périr l'arbre. Pour refaire une incision à un endroit déjà entaillé de l'écorce, il faut attendre trois ou quatre ans, afin que la blessure soit complètement cicatrisée.

Alger. LE JARDIN D'ESSAI. L'ALLÉE DES BAMBOUS. On trouve dans ce magnifique jardin d'essai toutes les plantes de la région méditerranéenne, en particulier le bambou. Élastique et résistant, le bambou est employé pour les charpentes des bâtiments ; on en fait des échelles, des nattes, des cannes ; en Extrême-Orient, des villages entiers sont construits en bambou.

Tunis. VUE GÉNÉRALE. Maisons blanches à toits plats, parce qu'il ne pleut guère, avec peu d'ouvertures dans les murs, à cause de la chaleur. Au premier plan, un clocher ou minaret, du haut duquel, matin et soir, le prêtre mahométan ou *muezzin* appelle les fidèles à la prière. Adossée à des collines d'une soixantaine de mètres, Tunis s'étend sur une lagune en partie séparée de la mer par un isthme. Autour de la ville indigène, peuplée surtout de musulmans, s'est développée une ville toute européenne, avec hôtels, banques et édifices publics.

Un village Kabyle. Les Kabyles sont des cultivateurs qui, autrefois, pour se défendre des Arabes, avaient construit leurs villages sur des hauteurs escarpées. La plupart de ces villages sont d'anciennes places de guerre, dominées par un minaret. A l'intérieur, les rues sont étroites et tortueuses. Les villages kabyles opposèrent souvent beaucoup de difficultés à la conquête française.

Le marché arabe de Biskra. Biskra est un centre d'échanges entre les Hauts-Plateaux et le Sahara. C'est un point où aboutissent les caravanes venues du désert et apportant les céréales, les olives, et surtout les dattes, récoltées dans les oasis des Zibans.

Une exploitation de phosphates de chaux, PRÈS DE GAFSA. Les phosphates sont l'une des principales richesses minérales de l'Algérie et de la Tunisie. L'exploitation se fait en partie à ciel ouvert. — A droite, l'amorce d'une voie ferrée.

Mequinez ou Meknès (Maroc), dont les ruines attestent la splendeur passée, est « le Versailles des premiers sultans de la dynastie des Alides ». La ville est située dans une oasis. On aperçoit, à l'horizon, la cité marocaine sur une hauteur avec sa silhouette de forteresse. En avant, la verdure et les arbres indiquent la présence de l'eau. Au premier plan, un camp provisoire de troupes françaises. Reliée à Fez et à Rabat par une ligne de chemin de fer, située à proximité d'une belle forêt de cèdres, et près d'une vallée profonde que fertilise l'Oued bou Fekrane, cette ville possède toutes les conditions de prospérité.

L'oasis de Gabès. Au premier plan, un étang d'eau douce peu profond, formé par une source. Grâce à cette eau, la végétation s'est développée. De grands palmiers mettent dans le désert une tache de verdure et de fraîcheur; mais plus loin, le sol redevient aride.

L'Oued Tisint DANS L'ATLAS MAROCAIN. Cet Oued est le type d'un cours d'eau de l'Afrique du Nord. En période de sécheresse, un peu d'eau coule à peine entre des bancs de sable; mais des pluies soudaines et violentes peuvent enfler brusquement la rivière, qui remplit alors toute la vallée. Cette irrégularité du régime des eaux explique l'insuffisance de la végétation. Les pentes, dégradées par les averses, sont abruptes et rocheuses. Aussi l'Atlas marocain est-il une chaîne de montagnes presque partout stérile. Les écarts de température entre le jour et la nuit atteignent parfois 50 degrés et contribuent à rendre toute culture impossible. Cependant, quelques oasis de verdure où domine le palmier s'abritent dans les flancs découpés de la montagne. Ici, les indigènes peuvent cultiver quelques légumes, grâce à une nappe d'eau souterraine.

Cliché Citroën

A travers le Sahara. VOITURE AUTOMOBILE GRAVISSANT UNE DUNE. Pour circuler dans le Sahara, on essaie d'utiliser des automobiles spéciales dont les roues d'arrière sont, de chaque côté, reliées par de larges bandes qui donnent plus d'adhérence avec le sol. Ces voitures sont plus lentes que les autos ordinaires, mais elles passent partout, même là où il n'y a pas de chemins. Celle que représente la gravure est en train de gravir, avec un chargement assez considérable, des collines de sable.

A travers le Sahara. UNE CARAVANE DE CHAMEAUX. Une grande étendue sablonneuse et aride, c'est le Sahara qui se déploie jusqu'à l'horizon. Il n'y a que de rares pistes mal tracées, comme celle que suit, au premier plan, une caravane de chameaux. Ces caravanes comprennent jusqu'à 1000 bêtes de somme. Elles mettent de 1 à 3 mois pour traverser le Sahara.

La forêt dense. C'est l'aspect caractéristique de la forêt tropicale humide, avec des arbres hauts de plus de 30 mètres, auxquels s'accrochent des lianes parfois aussi grosses qu'un homme, et des taillis d'arbustes et de hautes herbes presque impénétrables.

La brousse, aux environs de Loango. Entre la forêt et le désert s'étend la brousse, ou pays des herbes. Ces herbes sont des graminées. Les indigènes les incendient chaque année pour cultiver le maïs et le sorgho.

La barre, sur la côte de Guinée. C'est une ligne de hautes vagues qui se forment sans interruption tout le long du rivage et se brisent sur les bas-fonds de sable avec une violence extrême. La barre empêche les navires d'accoster. Les nègres franchissent la barre grâce à des bateaux très [illegible].

Vue de Kayes (Sénégal). Sur le Sénégal, à 12 km. de Médine, Kayes est un poste militaire appelé à avoir une grande importance commerciale, parce qu'il est situé sur le Sénégal, et à la jonction des voies ferrées qui mettent en communication la côte (par Thiès et Dakar) avec le Niger (par Bamako et Koulikoro). La ligne de Thiès à Kayes a été inaugurée en 1924. Elle est destinée à jouer un rôle important dans le développement du Sénégal. Elle permet d'éviter la traversée du fleuve Sénégal, souvent impraticable aux époques de sécheresse. La voie a [illegible] kilomètres de long. Elle permet le transport du coton et des arachides.

Un village nègre, au Niger. Parmi les grands arbres se dissimulent des villages assez peuplés. Les maisons ou cases, sont souvent rondes. Les murs sont en terre battue. Les toits de chaume sont très inclinés, à cause des pluies. La case n'a pas d'autre ouverture qu'une porte sans battant. Il n'y a pas de cheminée : la cuisine se fait au dehors. La case n'est une habitation que pour la nuit. L'intérieur est obscur et d'une saleté repoussante. Le jour, les indigènes vivent au dehors.

Au centre du village se trouve habituellement un campement ou caravansérail, construit en terre sèche et recouvert d'un toit de paille, que l'administration française a fait établir sur les routes, à l'usage des voyageurs.

Le soir, les indigènes se réunissent autour de grands feux et passent leur temps à danser, à chanter ou à se raconter des histoires. Ils luttent ainsi contre l'obscurité qu'ils redoutent.

Une allée de cocotiers, au Congo. Les cocotiers ont été introduits dans la colonie au début de l'occupation française. Ils y ont prospéré et atteint très rapidement de grandes dimensions.

Au premier arbre de droite, on voit pendre des noix de coco. La noix fournit l'huile de coco, le tourteau et le coir.

L'amande ou coprah est desséchée, réduite en farine, puis soumise à pression pour extraction de l'huile. L'huile de coco rancit vite ; raffinée, elle est utilisée comme graisse alimentaire (cocose).

Le tourteau est comestible, mais c'est surtout un engrais excellent.

L'enveloppe de la noix est un épais lacis de fibres qui, rouies, donnent le coir dont on fait des brosses, des cordages, des tapis, etc.

La floraison et la fructification sont continues sur le même arbre ; il y a une floraison par mois et une noix met de 8 à 9 mois à mûrir.

Les moyens de transport. Un portage à travers la forêt du Congo. Il est impossible d'utiliser les bêtes de somme, à cause de la mouche tsé-tsé dont la piqûre est mortelle pour le bétail. Les portages sont faits par des indigènes, qui suivent des pistes mal tracées, et traversent les cours d'eau à gué, ou en utilisant des ponts de fortune.

Madagascar. Exploitation des bois. L'exploitation des bois est déjà très active à Madagascar, surtout sur la côte orientale où les forêts sont riches en essences précieuses (ébène, palissandre, bois de rose, etc.), et offrent des fougères arborescentes hautes de 10 à 12 mètres. Mais, faute de matériel d'exploitation, les richesses forestières de Madagascar ne sont pas encore assez mises en valeur.

Route de Tamatave à Tananarive. Entre Tananarive et le port de Tamatave, les relations s'effectuent soit par le chemin de fer, soit par une route, qui monte en lacets à travers la forêt dense, et qui est parcourue par des voitures attelées de chevaux ou de zébus, et par des automobiles.

Femme malgache préparant le rafia. Les Malgaches excellent à tresser des nattes avec les fibres du rafia, sorte de palmier de 3 à 4 m. de hauteur, dont les feuilles fournissent un fil très doux.

L'île de la Réunion. C'est une île volcanique; c'est ce qui explique la silhouette découpée des montagnes à l'arrière-plan. Le sol, fertile, bien arrosé, est couvert d'une abondante végétation. Vue de la mer, l'île ressemble à une magnifique corbeille de verdure. Des cactus épineux, des eucalyptus et des palmiers aux feuilles souples forment, au bord du chemin, une haie impénétrable.

Les Montagnes du Tonkin. Le Nord du Tonkin est très accidenté, et contraste avec la plaine marécageuse du delta. Des pluies abondantes ont favorisé l'érosion et modelé le relief d'une manière très pittoresque. Au premier plan, un camp de travailleurs en train de construire une ligne de chemin de fer, dont on voit la première tranchée et l'amorce de la montée.

Paysans annamites du Tonkin. La femme porte le balancier en bambou, très employé en Indo-Chine. L'homme, revêtu d'un manteau de feuilles pour se protéger de la pluie, pousse une brouette rudimentaire.

Sécherie de poissons en Cochinchine. Le poisson est un des principaux aliments des indigènes. La côte de Cochinchine est très poissonneuse. Au fond, un bateau de pêche, avec sa voile roulée. Au premier plan, le poisson sèche sur des claies en bambou, avant d'être salé.

Une rizière dans l'Inde, près de Pondichéry. Pour croître, le riz doit avoir le pied dans l'eau et la tête au soleil. Les Hindous labourent, avec des charrues primitives, tirées par des buffles, la rizière encore inondée, puis ils sèment le riz qui germe dans la vase, et qui sera ensuite repiqué.

Paysage de Taïti. C'est l'aspect caractéristique d'une île de l'Océanie, avec ses bouquets de palmiers aux troncs élancés. Les indigènes taillent, dans des troncs d'arbre, des pirogues qu'ils manient avec beaucoup d'adresse. Ils se livrent à la pêche des poissons ou des huîtres perlières. Ils habitent des maisons très légères, aux cloisons de bambous, et couvertes d'herbages.

Guyane française : Le lavage de l'or. La Guyane produit de l'or. La terre aurifère passe dans des canaux de bois à rainures, très inclinés. L'eau entraîne la terre et les cailloux. L'or, plus lourd, se dépose dans les rainures.

Nouvelle-Calédonie. Une mine de nickel. La Nouvelle-Calédonie est un des principaux pays producteurs de nickel. Au premier plan, des indigènes criblent la terre extraite de la mine, pour en séparer le minerai. En arrière, la mine.

Les Antilles. La Martinique. Vue de Fort-de-France. La ville de Fort-de-France est le chef-lieu de la Martinique. Elle est bâtie sur un terrain plat, très régulièrement découpé en carrés par ses rues étroites et tirées au cordeau. Elle a une belle promenade ombragée de majestueux tamariniers. C'est l'un des ports les plus vastes et les plus sûrs des Antilles.

Un poste militaire à Brazzaville (Congo). La sécurité est assurée grâce à des postes militaires qui protègent les populations sédentaires contre les nomades pillards.

Vapeurs de surveillance sur le Niger. Sur les fleuves, circulent de petits bateaux armés qui relient les postes les uns aux autres et font la police le long des rivages. Ce sont les chaloupes canonnières, très utiles dans les pays où les communications par terre sont lentes et difficiles. Elles sont construites de manière à ne pas avoir besoin d'une grande profondeur d'eau pour naviguer.

Les voies de communication. La route de la Chiffa (Algérie), entre Blidah et Berrouaghia, dans le sud-Algérien. La route traverse un défilé très pittoresque, passant tantôt au-dessus, tantôt au-dessous de la voie ferrée qui suit le même trajet et utilise une série de tunnels creusés dans les montagnes de la Chiffa. Coupée en hiver par des ravinements descendus de la montagne, cette route longe pendant 5 km. des rochers tapissés de chênes où s'ébattent de nombreuses bandes de singes.

Elle facilite les échanges des produits du Tell contre ceux qu'apportent les caravanes du Sahara.

Si l'Algérie n'a aucune voie navigable, elle est de toutes les grandes colonies celle qui dispose du meilleur réseau de routes.

Une station de chemin de fer dans l'Afrique occidentale. La voie ferrée ressemble plus à celle de nos chemins de fer départementaux qu'à celle de nos grandes lignes. La gare est très primitive. C'est une sorte de hangar où des pieux supportent un toit de chaume et de feuillage. Les wagons n'ont rien de confortable et servent aussi bien à transporter des marchandises que des voyageurs.

Un barrage pour l'irrigation. Le barrage de Perrégaux (Algérie). Dans les pays secs, ce qui manque le plus à l'agriculture, c'est l'eau pendant l'été. C'est pourquoi on a construit des barrages comme celui-ci, qui retiennent les eaux des pluies d'hiver. Mais ces barrages imposants sont très coûteux, et les redevances payées par les agriculteurs sont élevées; c'est pourquoi l'on préfère aujourd'hui construire des barrages plus petits, mais plus économiques.

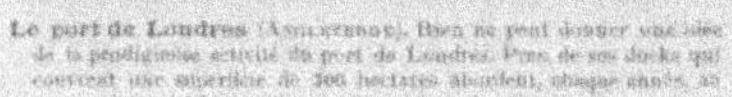

Le port de Londres (Angleterre). Rien ne peut donner une idée de la prodigieuse activité du port de Londres. [illegible] ses docks qui couvrent une superficie de 300 hectares abordent, chaque année, au moins 50 000 bâtiments de tout tonnage et de toute provenance.

La marine anglaise. Le cuirassé « [illegible] ». La flotte de guerre anglaise est la plus forte du monde. Elle compte plus de 50 navires cuirassés comme celui-ci.

Chaumière de paysan irlandais. Le paysan irlandais, qui travaille pour le compte de grands propriétaires anglais, est très misérable. Sa maison, couverte de chaume, percée d'étroites fenêtres, ne compte souvent qu'une seule pièce au sol de terre battue. — L'Irlande est un pays pauvre. La dispersion de la petite propriété, la sévérité des évictions ont affaibli la production agricole; la culture principale est la pomme de terre, qui constitue la base de l'alimentation.

L'Angleterre industrielle. Le pays noir, Glasgow, située sur les rives de la Clyde. Glasgow est la capitale industrielle de l'Écosse. Le sous-sol y est riche en minerai de fer et en houille; aussi l'industrie métallurgique (constructions navales, machines) y est-elle très prospère. Le port est très actif, grâce aux travaux d'aménagement qui ont rendu la Clyde navigable. Glasgow est environnée de faubourgs populeux, parmi lesquels son avant-port, Greenock.

La Belgique industrielle. Usines de la Vieille-Montagne. Grâce à ses minerais de fer et de zinc qui voisinent avec de riches gisements houillers, la Belgique est un grand pays industriel. Dans la vallée de la Vesdre, au centre de riches gisements de zinc et à proximité des houillères de Liège, s'élèvent les usines de la Vieille-Montagne qui transforment les minerais de la région.

Bruges. Le Beffroi. Beaucoup de riches villes des Flandres ont des monuments comme celui-ci.

L'Europe du Nord et du Nord-Ouest

Flottage du bois sur un fleuve norvégien. L'extrême sud de la Norvège, de climat assez tempéré, a de belles forêts de bois. Ce bois est très apprécié à cause de sa dureté, qu'il doit à la lenteur de sa croissance. Les troncs d'arbres, marqués au fer rouge par leur propriétaire, descendent le fleuve jusqu'au barrage où on les tire. Les maisons, les ponts sont construits en bois.

Paysage hollandais. La Hollande est un pays plat, au-dessous du niveau de la mer dans la zone des polders, où la lutte de l'homme contre la mer a été la plus pénible. On ne s'est pas contenté de défendre par des digues le pays contre la mer ; on a voulu reconquérir les terres inondées. A cet effet, on a épuisé l'eau des lacs intérieurs à l'aide de pompes mues par des moulins à vent. Les terres grasses, ainsi rendues à l'agriculture, humides de l'eau des canaux qui les sillonnent, sont le domaine d'élection des pâturages.

Les quais de Copenhague. Copenhague, capitale du Danemark, est située dans l'île de Seeland sur les détroits qui unissent la Baltique à la Mer du Nord. Copenhague a souffert un certain temps de l'ouverture du canal de Kiel, mais on a remédié au mal en créant un port franc. Des *ferry-boats* (bateaux porte-trains) la rattachent aux réseaux ferrés de Suède et d'Allemagne. Copenhague exporte des produits d'élevage, surtout à destination de la Grande-Bretagne. Au premier plan, les bateaux qui font le service des îles danoises avec le continent. Au fond, les navires de haute mer.

Vue de Stockholm (Suède). Stockholm, capitale de la Suède, est la Venise du Nord. Elle est construite sur un vaste bassin, entre la mer Baltique et le lac Mälar. Les rues assez larges sont des canaux sur lesquels circulent de minuscules bateaux à vapeur pendant que la foule des piétons se presse sur les quais. Stockholm est une ville de plus de 400 000 habitants.

Le Rhin à Mayence. Depuis 1919, grâce à des travaux de dragage, le Rhin a été rendu navigable à partir de Strasbourg ; le Main et la Regnitz, navigables depuis Nuremberg, communiquent avec le Danube par le canal Louis. Mayence, située au confluent du Rhin et du Main, se trouve être, de ce fait, un centre important de navigation. C'est la porte dans la barrière montagneuse qui sépare l'Europe du Nord-Ouest de l'Europe centrale. Entre Cologne, Mayence et Francfort la circulation est très intense. A gauche, la ville de Mayence, avec sa vieille cathédrale. Au fond, les hauteurs du Massif Schisteux que le Rhin va traverser.

Dans les Alpes. L'Arlberg. C'est un col qui, entre l'Autriche et la Suisse, fait communiquer les vallées de l'Inn et du Rhin. Il est emprunté par une route et la voie ferrée de Paris à Vienne (via Belfort, Zurich, le tunnel de l'Arlberg, Innsbruck et Salzbourg) qui traverse le Tyrol.

La Puszta hongroise. C'est la grande plaine du Danube en Hongrie. Région de pâturages avec les huttes des csikos (bergers), et les puits à balancier.

Un centre industriel : Essen. (Allemagne). Essen, au milieu d'un bassin houiller, dans la région de la Ruhr, est une ville d'industrie métallurgique comparable à notre Creusot. Elle compte 470 000 h. Entre les usines aux nombreuses cheminées, on voit circuler les canaux et les chemins de fer. C'est la capitale métallurgique de l'Allemagne.

Un lac suisse. Le lac de Neuchâtel. Il est situé au pied du Jura, entouré de collines couvertes de cultures et de vignobles. Moins grand que le lac de Genève, il n'a que 238 km². Au premier plan, la ville de Neuchâtel, qui s'adosse au Jura. C'est une petite ville de 23 000 habitants de langue française.

Le Danube aux Portes de Fer, pénètre dans la plaine roumaine par un défilé étroit. Une partie du fleuve a été approfondie et régularisée pour la navigation.

La steppe russe. C'est le paysage caractéristique du sud de la Russie : de grandes étendues plates et sèches, couvertes d'une herbe courte. A gauche, cavaliers cosaques. A droite une isba (maison paysanne) devant laquelle se trouve un puits à balancier.

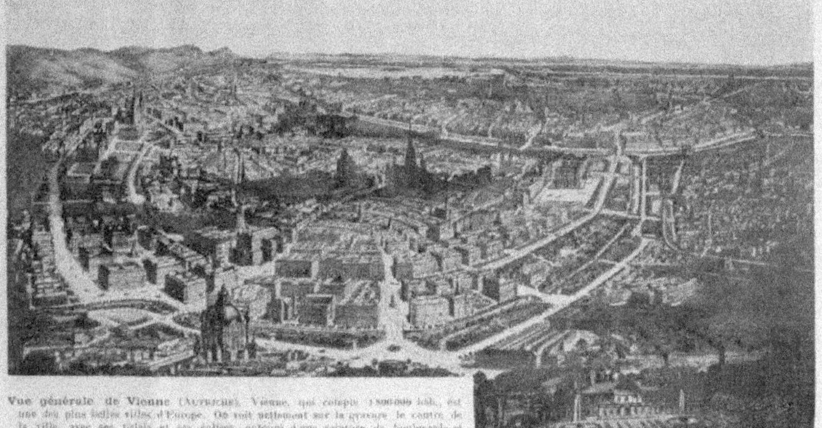

Vue générale de Vienne (Autriche). Vienne, qui compte 1 800 000 hab., est une des plus belles villes d'Europe. On voit nettement sur la gravure le centre de la ville, avec ses palais et ses églises, entouré d'une ceinture de boulevards et de promenades (« le Ring »). A l'arrière-plan, le Danube. A droite et à gauche, la banlieue industrielle. Remarquer la régularité et la largeur des rues.

Panorama de Lisbonne (Portugal). La ville est admirablement située sur un magnifique golfe. Le port de Lisbonne est, de tous les grands ports européens, le plus près de l'Amérique du Sud et de l'Afrique occidentale. Au XVIe siècle, alors que le Portugal possédait un immense empire colonial, Lisbonne était l'entrepôt de tout le commerce européen.

Types castillans. Fondateurs de la puissance espagnole, ils ont gardé dans leur costume et leur caractère la majesté de leur passé.

Vue du plateau espagnol. Sur les rochers des plateaux de Castille, soumises aux rigueurs du climat continental, il ne pousse que des buissons de hauteur médiocre et quelques arbres (pins, yeuses).

Le rocher de Gibraltar. Il est élevé de 425 m. et relié au reste du continent par une langue de sable. D'en haut, on aperçoit, par un temps clair, plus de 200 km. de côtes espagnoles ou marocaines. Les Anglais occupent Gibraltar depuis 1704. Ils en ont fait une forteresse formidable, creusant des redoutes et des casemates dans le rocher, et y accumulant d'immenses approvisionnements. En bas et à droite, la petite cité de Gibraltar.

Le Tibre à Rome. La gravure représente un aspect des quartiers populaires de Rome, avec quelques-unes des innombrables églises romaines. Au fond et au centre de la gravure, on aperçoit le sommet de la coupole de l'église Saint-Pierre, la plus vaste du monde.

L'Etna (Sicile). L'Etna a 3274 m. de hauteur et domine, non loin de la mer, la riche plaine de Catane. Les neiges persistantes entourent la cheminée principale de son cratère. Au premier plan, une coulée de lave provenant d'un des petits cratères situés sur les flancs du cône.

Le lac de Côme (Italie). La parure des Alpes italiennes est constituée par de magnifiques lacs, aux formes très découpées, et encadrés de hautes montagnes. Protégée des vents du nord, la région des lacs italiens a le climat et la végétation de notre Côte d'Azur.

Vue d'Athènes (Grèce). Au pied de la colline que surmontent les glorieuses ruines du Parthénon, non loin du célèbre plateau de l'Acropole, la ville moderne d'Athènes s'étale dans une plaine assez étroite, avec ses grandes rues rectilignes endormies sous un soleil brûlant. Cette ville de 300 000 habitants est une ville de commerce; mais la gloire d'Athènes est surtout dans le passé. Là se trouvent les restes des plus beaux monuments qui furent au monde.

La végétation de l'Himalaya. Cette chaîne de montagnes, située près du tropique du Cancer, présente, sur ses pentes, toutes les formes de végétation. De gauche à droite : végétation tropicale, jusqu'à 900 m. ; végétation des régions tempérées, jusqu'à 3000 m. ; puis, pâturages et neiges persistantes.

Un éléphant au travail (Inde anglaise). L'éléphant est un animal d'une force prodigieuse. Domestiqué, il est employé aux travaux agricoles. Il se sert de sa trompe comme d'un bras très robuste.

Dans l'Inde. Ruines d'un palais. Il n'est pas rare de trouver de semblables ruines, vestiges de la civilisation hindoue, au milieu des forêts, ou au fond des vallées de l'Himalaya. Le palais de Ramnagar, que représente cette gravure, est situé sur le bord d'une rivière, la Nerbudda.

Au Japon. Port de Nagasaki. Le Japon est un pays de montagnes volcaniques, aux côtes très découpées, formant des baies profondes et sûres. L'une de celles-ci abrite le port de Nagasaki. Au premier plan, la ville avec les maisons japonaises, puis le port. Dans la baie, des navires de guerre et de commerce. De l'autre côté de la baie, les silhouettes de montagnes volcaniques.

Japonaise achetant des fruits à un paysan.

En Chine. La grande rue de Pékin. La rue est droite et large, mais la chaussée n'est pas entretenue, les égouts coulent à ciel ouvert. Remarquer les maisons, en bois et en bambous, avec leurs toits de tuiles vernissées, aux coins relevés. Au fond, une porte de rempart.

Chinois et Chinoise. Tête aux pommettes saillantes, yeux obliques, sourcils finement dessinés, crâne des hommes rasé, taille petite, tels sont les traits caractéristiques des Chinois.

En Australie. Une exploitation aurifère. A droite et en arrière, le puits d'extraction. A côté, les bâtiments dans lesquels le minerai est broyé et pulvérisé. Au premier plan, des bassins dans lesquels le métal est extrait par des procédés chimiques. Remarquer, au fond, la plaine australienne, couverte d'une maigre végétation de buissons.

Un indigène d'Océanie.
Un Papou.

En Océanie. Un atoll. Cette île en anneau a été construite par les coraux sur un bas-fond. Au milieu, une petite mer d'eau tranquille. Ce type d'atoll complet se trouve dans les îles Salomon. La poussière apportée par les vents et la décomposition des coraux ont formé une mince couche de terre, sur laquelle des graines ont germé.

Les coraux prennent naissance parfois à trente mètres au-dessous du niveau de la mer. Ils sont recueillis soit par des scaphandriers, quand ils se développent non loin des côtes, soit par des filets spéciaux qui retiennent dans leurs mailles les branches des coraux qu'ils arrachent.

Batavia, capitale des Indes néerlandaises et située dans l'île de Java, est construite au milieu des lagunes. La gravure représente une rue de la ville européenne avec des maisons à un seul étage par crainte des tremblements de terre. A l'arrière-plan, les cases des domestiques indigènes.

Côte de Guinée. Lagune et Porto-Novo. Côte plate et basse, bordée de lagunes d'eaux vives séparées de la mer par un cordon littoral que l'on aperçoit à l'horizon. La lagune se comble progressivement par les alluvions des fleuves.

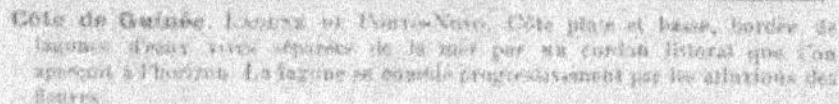

Le canal de Suez (de Port-Saïd sur la Méditerranée à Suez sur la Mer Rouge), que représente la gravure ci-dessous, a été construit de 1859 à 1869 sous la direction de F. de Lesseps. Il a 160 km. de long et 45 m. de large au fond. Il faut de 15 à 18 heures pour le parcourir. Il est utilisé chaque année par près de 5000 navires. Il évite aux navires qui vont d'Europe en Extrême-Orient le long détour par le cap de Bonne-Espérance. Le percement de l'isthme de Panama et l'achèvement du Transsibérien n'ont pas sensiblement diminué sa clientèle.

Un marché nègre. Près de leurs cases, les indigènes ont exposé leurs produits : vin de palme, manioc, patates, bananes, arachides et poissons séchés. N'ayant pas de monnaie ils procèdent le plus souvent par échanges de marchandises.

Les inondations de la boucle du Niger. Le Niger a, quatre mois par an, des crues abondantes. Les eaux se répandent sur *des centaines de kilomètres carrés*. Mais, en même temps, *comme le Nil en Égypte*, elles fertilisent le sol en y déposant un *limon* qui permet la culture du cotonnier.

Le dromadaire (à gauche). Cet animal est très sobre et peut rester plusieurs jours sans boire. Il accomplit presque sans fatigue, malgré la chaleur, des trajets journaliers de 50 à 60 km.

Le méhari est un dromadaire dressé pour la course, et utilisé par les nomades du Sahara (Touareg) et certaines troupes d'Afrique (Méharistes) qui font la police dans le désert.

L'autruche (à droite) vit à l'état sauvage, mais on l'élève aussi dans des parcs spéciaux, dans l'Afrique du Sud et à Madagascar. Les plumes de l'autruche sont très recherchées pour la parure des chapeaux.

En Afrique australe. Attelage de bœufs traversant un gué. Le lourd chariot boer à quatre roues, avec les cinq paires de bœufs qui le traînent, était le moyen de transport typique de toute l'Afrique australe, avant la construction des chemins de fer. Il est lent et ne va pas sans risques, surtout lorsqu'il s'agit de traverser à gué une rivière grossie par les pluies.

Un pont sur le Zambèze. Ce pont en fer est jeté sur le Zambèze, en un point où le lit du fleuve est resserré. Il se trouve sur la ligne que les Anglais construisent pour relier le nord et le sud de l'Afrique (« du Cap au Caire »). Il a 200 m. de long et 120 m. de hauteur au-dessus du lit du fleuve.

Le Cap (vue panoramique). C'est la plus ancienne des villes de l'Afrique du Sud. Construite par les Hollandais, elle a été profondément modifiée par les Anglais. Elle compte aujourd'hui plus de 200 000 habitants. Bien située autour d'un vaste golfe, la ville du Cap est un port de commerce qui a beaucoup perdu de son importance depuis le percement de l'isthme de Suez. C'est encore le port d'exportation des produits de l'Afrique du Sud (or, diamant, laine, sucre, thé, plumes d'autruches). L'aspect des maisons et la végétation rappellent les pays méditerranéens : la région du Cap a un climat semblable à celui de l'Algérie. Sur les pentes des montagnes que l'on aperçoit à l'horizon, on cultive la vigne.

Au Canada. L'hiver à Montréal. Le Canada est plus froid que les pays d'Europe situés sous la même latitude. Ainsi Montréal est à la latitude de Bordeaux. Au premier plan, des blocs de glace refoulés du Saint-Laurent (à gauche) dont le cours est à la même distance de l'équateur que le cours de la Garonne.

Chemin de fer sur la glace, à Montréal. Quand les rivières et les prairies sont couvertes de glace, la circulation est assurée par un chemin de fer à voie étroite, sommairement construit. À la belle saison on le démolit.

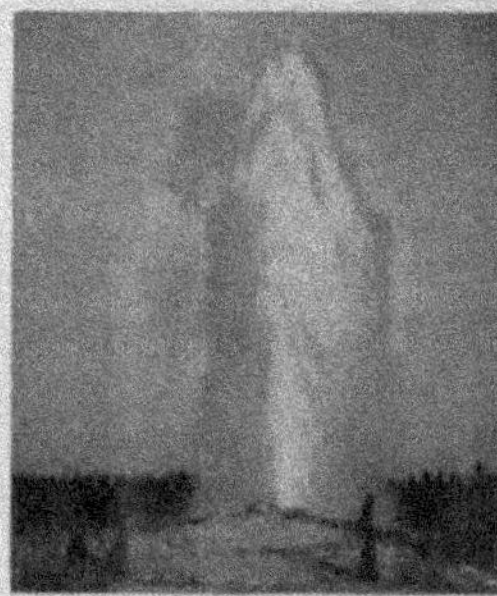

Trois aspects du volcanisme en Amérique.
Le long du Pacifique, il y a de nombreux volcans, qui, avec ceux d'Asie, forment « la ceinture de feu du Pacifique ». Voici, de gauche à droite : 1° le volcan d'Ilopango, dans l'Amérique centrale, qui, en 1879, a jailli brusquement au milieu d'un lac d'où son cratère émerge peu à peu. 2° Le volcan de San-Miguel, dans l'Amérique centrale, qui a 2130 m. de hauteur et dont la dernière éruption date de 1854. 3° Un geyser, c'est-à-dire un volcan d'eau chaude, aux États-Unis. Certains de ces geysers lancent des colonnes d'eau à plus de 130 m. de hauteur.

L'Amazone à son entrée en plaine. L'Amazone est le fleuve du monde qui roule le plus d'eau. Il a plusieurs kilomètres de large. Parfois, l'étendue d'eau est telle que, du milieu du fleuve, on ne distingue plus les deux rives. Sur l'Amazone circulent de grands bateaux, véritables villes flottantes. Dans son cours supérieur, l'Amazone traverse d'immenses forêts dont elle charrie, au moment des crues, les arbres abattus. Elle est peuplée de crocodiles.

La moisson dans l'est canadien. Le sol fertile produit des récoltes abondantes. Les fermes comprennent de vastes étendues, et nécessitent pour l'exploitation de nombreuses machines. La figure représente 3 moissonneuses-lieuses en action. Un contremaître à cheval surveille la moisson. A gauche, le propriétaire dans une voiture à deux chevaux.

Élévateurs à Fort-William, sur le lac Supérieur (Canada). Le blé entreposé dans les élévateurs, qui sont en réalité les greniers de toute une région, s'écoule directement au moyen de glissières, dans les navires qui l'emportent dans le reste de l'Amérique et jusqu'en Europe. On voit ces glissières, dans le premier bâtiment, à gauche, inclinées sur le navire. Un tel bâtiment peut contenir des milliers de quintaux de blé. Le blé est également évacué par le chemin de fer Transcontinental.

Un troupeau de moutons dans l'Amérique du Sud. Dans la Pampa vivent d'immenses troupeaux de moutons, gardés par des bergers à cheval. Ces troupeaux se déplacent, selon les saisons, pour aller chercher l'herbe et l'humidité, souvent à de très grandes distances.

Une fabrique de sucre à la Trinité (Antilles Anglaises). La petite île de la Trinité produit la canne à sucre. Depuis l'émancipation des noirs, la main-d'œuvre est fournie en partie par les Chinois (coolies). La gravure représente des bœufs transportant des cannes à sucre. Au fond, les bâtiments de la sucrerie. — Le jus des cannes est exprimé entre les cylindres des moulins, puis est clarifié, condensé et cristallisé. Outre les cannes, ces usines traitent aussi la mélasse et le rhum.

Troupeaux dans un pâturage, au Canada : plateaux secs et mamelonnés du Far-West, avec buissons dans les creux humides. Les animaux ont été réunis par des « cow-boys » pour être marqués au nom du propriétaire.

New-York (États-Unis). La ville, qui compte [illegible] hab., est bâtie en grande partie sur une île. Faute de place, il a fallu élever démesurément les maisons dont certaines (« les gratte-ciel ») ont de 20 à 30 étages. Un immense pont suspendu, de 550 m. de longueur, relie New-York à Brooklyn, par-dessus la rivière de l'Est. New-York est le 2e port du monde, après Londres.

Le séchage du café à Porto-Rico (Grandes Antilles). Avant de débarrasser les grains de café de la pulpe qui les enveloppe, on les mouille dans des bassins, puis on les fait sécher en les exposant en plein soleil sur des plates-formes ou des terrasses. Quand les grains sont parfaitement secs, ils sont décortiqués, puis triés. Le café est alors mis en sacs (dans le bâtiment du fond).

Buenos-Ayres (Capitale de la République Argentine). La ville s'étend largement dans une vaste plaine, avec des rues alignées au cordeau et se coupant à angle droit. Seuls, le fleuve et la mer apportent quelque variété à cet aspect uniforme. Tous les monuments sont modernes. Les habitations privées, comme celles que l'on voit sur la gravure, ressemblent à celles de nos grandes villes. C'est le port le plus important de l'Argentine.

RÉPERTOIRE DES GRAVURES

I. — La France.

II. — Les colonies françaises.

III. — Les cinq parties du monde.

... GÉOG. — PARIS. — IMP. LAHURE

www.ingramcontent.com/pod-product-compliance
Ingram Content Group UK Ltd.
Pitfield, Milton Keynes, MK11 3LW, UK
UKHW020959180726
13838UKWH00003B/1389

9 782329 261911